Marketing

Central de Qualidade – FGV Management
ouvidoria@fgv.br

PUBLICAÇÕES
FGV Management

SÉRIE GESTÃO EMPRESARIAL

Marketing

Miguel Lima

Darci Basta

José Antônio Ferreira de Oliveira

João Baptista Vilhena

FGV management

FGV EDITORA

ISBN — 978-85-225-1145-7

Direitos desta edição reservados à
EDITORA FGV
Rua Jornalista Orlando Dantas, 37
22231-010 — Rio de Janeiro, RJ — Brasil
Tels.: 0800-021-7777 — (21) 3799-4427
Fax: (21) 3799-4430
e-mail: editora@fgv.br — pedidoseditora@fgv.br
www.fgv.br/editora

Impresso no Brasil / *Printed in Brazil*

1ª edição, 2012; 1ª reimpressão, 2013; 2ª, 3ª e 4ª reimpressões, 2014;
5ª, 6ª e 7ª reimpressões — 2015.

Revisão de originais: Sandra Frank
Editoração eletrônica: FA Editoração
Revisão: Fernanda Villa Nova de Mello e Jun Shimada
Capa: aspecto:design
Ilustração da capa: André Bethlem

Lima, Miguel
Marketing / Miguel Lima...[et al.]. — Rio de Janeiro: Editora FGV, 2012.
168 p. – (Gestão empresarial (FGV Management))

Em colaboração com: Darci Basta, José Antônio Ferreira de Oliveira, João Baptista Vilhena.
FGV Management Publicações.
ISBN: 978-85-225-1145-7

1. Marketing. I. Basta, Darci. II. Oliveira, José Antônio Ferreira de. III. Vilhena, João Baptista. IV. Fundação Getulio Vargas. V. Série.

CDD – 658.8

Aos nossos alunos e aos nossos colegas docentes, que nos levam a pensar e repensar nossas práticas.

Sumário

Apresentação 9

Introdução 13

1 | Conceitos e definições básicas de marketing 15
Posicionamento de marketing 28
Ambiente de marketing 35
Introdução ao marketing estratégico 41
Exercitando conceitos 46

2 | Mix de marketing frente ao mercado e segmentação do mercado 49
Mix de marketing frente ao mercado: produto, preço, praça e promoção 50
Segmentação de mercado 68
Exercitando conceitos 82

3 | **Criação de valor no mercado e influência da tecnologia nas estratégias de marketing 83**

Criação de valor no mercado 83

Influência da tecnologia nas estratégias de marketing e no comportamento do consumidor 110

Exercitando conceitos 121

4 | **Planejamento de marketing e ferramentas de controle 123**

Planejamento 124

Planejamento estratégico, tático e operacional 128

Plano de negócios 130

Plano de marketing 131

Exercitando conceitos 155

Conclusão 157

Referências 161

Autores 167

Apresentação

Este livro compõe as Publicações FGV Management, programa de educação continuada da Fundação Getulio Vargas (FGV).

A FGV é uma instituição de direito privado, com mais de meio século de existência, gerando conhecimento por meio da pesquisa, transmitindo informações e formando habilidades por meio da educação, prestando assistência técnica às organizações e contribuindo para um Brasil sustentável e competitivo no cenário internacional.

A estrutura acadêmica da FGV é composta por nove escolas e institutos, a saber: Escola Brasileira de Administração Pública e de Empresas (Ebape), dirigida pelo professor Flavio Carvalho de Vasconcelos; Escola de Administração de Empresas de São Paulo (Eaesp), dirigida pela professora Maria Tereza Leme Fleury; Escola de Pós-Graduação em Economia (EPGE), dirigida pelo professor Rubens Penha Cysne; Centro de Pesquisa e Documentação de História Contemporânea do Brasil (Cpdoc), dirigido pelo professor Celso Castro; Escola de Direito de São

Paulo (Direito GV), dirigida pelo professor Oscar Vilhena Vieira; Escola de Direito do Rio de Janeiro (Direito Rio), dirigida pelo professor Joaquim Falcão; Escola de Economia de São Paulo (Eesp), dirigida pelo professor Yoshiaki Nakano; Instituto Brasileiro de Economia (Ibre), dirigido pelo professor Luiz Guilherme Schymura de Oliveira; e Escola de Matemática Aplicada (Emap), dirigida pela professora Maria Izabel Tavares Gramacho. São diversas unidades com a marca FGV, trabalhando com a mesma filosofia: gerar e disseminar o conhecimento pelo país.

Dentro de suas áreas específicas de conhecimento, cada escola é responsável pela criação e elaboração dos cursos oferecidos pelo Instituto de Desenvolvimento Educacional (IDE), criado em 2003, com o objetivo de coordenar e gerenciar uma rede de distribuição única para os produtos e serviços educacionais produzidos pela FGV, por meio de suas escolas. Dirigido pelo professor Clovis de Faro e contando com a direção acadêmica do professor Carlos Osmar Bertero, o IDE engloba o programa FGV Management e sua rede conveniada, distribuída em todo o país (ver www.fgv.br/fgvmanagement), o programa de ensino a distância FGV Online (ver www.fgv.br/fgvonline), a Central de Qualidade e Inteligência de Negócios e o programa de cursos In Company. Por meio de seus programas, o IDE desenvolve soluções em educação presencial e a distância e em treinamento corporativo customizado, prestando apoio efetivo à rede FGV, de acordo com os padrões de excelência da instituição.

Este livro representa mais um esforço da FGV em socializar seu aprendizado e suas conquistas. Ele é escrito por professores do FGV Management, profissionais de reconhecida competência acadêmica e prática, o que torna possível atender às demandas do mercado, tendo como suporte sólida fundamentação teórica.

A FGV espera, com mais essa iniciativa, oferecer a estudantes, gestores, técnicos e a todos aqueles que têm internalizado o conceito de educação continuada, tão relevante na era do conhecimento na qual se vive, insumos que, agregados às suas práticas, possam contribuir para sua especialização, atualização e aperfeiçoamento.

Clovis de Faro
Diretor do Instituto de Desenvolvimento Educacional

Ricardo Spinelli de Carvalho
Diretor Executivo do FGV Management

Sylvia Constant Vergara
Coordenadora das Publicações FGV Management

Introdução

Clientes cada vez mais exigentes. Uma profusão de marcas e produtos concorrentes disputando o mesmo espaço nas gôndolas e uma posição na mente do consumidor. A fidelidade a marcas tem sido substituída por preferência, levando o consumidor a decidir, no ponto de venda e no momento da compra, a marca e o produto que irá comprar, levando em conta o preço e um pacote de atributos e serviços acoplados ao produto. Mudanças radicais e cada vez mais rápidas nos ambientes tecnológico, econômico, político, sociocultural e demográfico fazem com que a empresa tenha que se antecipar a essas mudanças, inclusive adaptando seu conceito de negócio, capturando oportunidades antes da concorrência e neutralizando ameaças antes que elas ocorram.

Seja bem-vindo, leitor, ao novo ambiente de negócios.

Esse novo ambiente dos negócios demanda um novo perfil de empresa e, principalmente, uma abordagem diferenciada dos profissionais de marketing.

Face a essas novas demandas, os autores deste livro buscaram estruturá-lo de forma a facilitar o entendimento dos conceitos básicos de marketing, mas procurando evidenciar as novas tendências na sua gestão.

Assim, o livro se encontra estruturado em quatro capítulos. O primeiro trata da conceituação e das definições básicas de marketing, do posicionamento e do ambiente de marketing, além de uma introdução ao marketing estratégico.

O segundo capítulo aborda o mix de marketing: produto, preço, praça, promoção e a segmentação de mercado. Discorre acerca das exigências para a segmentação dos critérios, além de descrever os tipos de segmentação. Ressalta-se também a combinação de critérios, estratégias e monitoração concernentes à segmentação.

O terceiro capítulo contempla a criação de valor de mercado a evolução de seu conceito, com destaque para a influência da tecnologia nas estratégias de marketing, bem como as novas formas de relacionamento com o cliente e o crescimento do marketing de transação e de relacionamento, além de proceder a uma breve abordagem com relação às mídias sociais e às melhores práticas para se trabalhar com elas.

O quarto capítulo versa sobre o planejamento de marketing e as ferramentas de controle.

Esperamos estar contribuindo para que empreendedores e profissionais de todas as áreas da gestão tenham uma visão do ciclo da gestão de marketing em ambiente de negócios, cada vez mais mutável e competitivo.

1

Conceitos e definições básicas de marketing

Neste capítulo, apresentaremos inicialmente a conceitualização de marketing e elencaremos definições dadas por alguns autores. Em seguida, mostraremos a você, leitor, a importância do posicionamento estratégico e explanaremos acerca do ambiente de marketing, detalhando seus quatro níveis. A partir daí, introduziremos o marketing estratégico.

Enquanto lê estas palavras, imagine-se num mercado. Pode ser uma feira livre numa rua do bairro onde mora, onde vendedores simpáticos tentam atrair algumas daquelas centenas de pessoas que passam em frente às suas bancas à procura de frutas, legumes, verduras, peixes e tudo o mais que lá possa ser vendido. Pode ser também um grande shopping center, com corredores climatizados, dezenas de lojas, cinemas, restaurantes e outros muitos serviços oferecidos, onde milhares de pessoas passeiam, consomem e se divertem.

Agora, imagine-se em um porto. Repare na chegada e partida de enormes navios carregados de produtos, conduzidos por pequenos barcos rebocadores. Observe o movimento dos guindastes que deslizam pelo cais, carregando contêineres de aço ou fardos de várias toneladas.

Transporte-se até o centro de alguma grande metrópole e observe um grande edifício. Admire esse gigante de aço, concreto e vidro, que abriga centenas de empresas que importam, exportam, compram e vendem, direta ou indiretamente, tudo o que você viu até agora, dos lindos e apetitosos morangos daquela banca na feira àquela máquina fotográfica digital na vitrine da loja no shopping.

Bem, leitor, se você pôde fazer essa viagem até agora, então suba mais. Sim, voe mais alto, suba e não tenha medo de olhar para baixo. Veja os caminhões cortando as estradas e os aviões os céus. Pessoas trabalhando, outras estudando. Todas comprando ou vendendo algo, algum produto ou serviço. O mundo em movimento, como uma grande feira livre. Parecida com aquela que existe numa rua do bairro onde você mora.

Como pode observar, nosso planeta abriga um grande mercado. E é assim desde os primórdios da civilização, antes mesmo da existência de qualquer moeda. Uma prática tão importante que os antigos criaram deuses que a regiam, visando a proteção de suas atividades comerciais.

Hermes, por exemplo, era um deles. Na mitologia grega, Hermes era filho de Zeus e de Maia, e possuidor de vários atributos. Era o mensageiro dos deuses e o deus das habilidades da linguagem, do discurso persuasivo, dos oradores, dos comerciantes e da eloquência, apenas para citar algumas de suas funções mais conhecidas. A origem do seu nome não é clara e pode ser derivada de *hermeneus*, que significa intérprete (Brandão, 2009).

Quando Roma entrou em contato com a cultura grega, ocorreu um sincretismo entre sua antiga divindade, Mercúrio, e Hermes, o antigo deus grego. Na mitologia romana, Mercúrio era um mensageiro e deus da venda, do lucro e do comércio. Seu nome é relacionado à palavra latina *merx* (mercadoria, comparado a mercador, comércio etc.). Até então apenas um deus do comércio, Mercúrio foi investido também de todas as demais características e atributos do deus grego Hermes (Bulfinch, 2002).

Você, agora, pode estar pensando o que o deus Mercúrio (o Hermes grego) tem a ver com os conceitos e definições do marketing, cuja consideração é a proposta deste capítulo.

Primeiro, esta palavra latina — *merx* ou *mercis* (mercadoria, em sentido próprio ou figurado, e que está relacionada ao seu nome) — possui outros cognitivos latinos, tais como *mercátus*, que originou a palavra inglesa market em 1635 (no sentido de negociar no mercado), que, por sua vez, gerou a palavra marketing em 1920 (no sentido particular de mercadologia ou mercadização) (Houaiss, 2009).

Assim, leitor, a palavra marketing tem origem comum à do deus Mercúrio e relaciona-se aos seus mesmos atributos, ou seja, à linguagem eloquente e persuasiva, à venda, ao lucro e ao comércio. Se o deus Mercúrio teve tanta importância para os antigos nas suas relações comerciais, o marketing tem hoje uma importância fundamental no contexto desse mercado global no qual se transformou nosso mundo.

Não obstante encontrarmos suas raízes ao longo da história da humanidade, na própria origem do comércio, o marketing é um campo de estudo novo se comparado com outros campos do saber. Vejamos.

Com a Revolução Industrial, a sociedade sofreu uma profunda transformação, especialmente nas características do mercado (Toffler, 2007). Nesse estágio, o marketing confundia-se com a administração clássica e talvez nem devêssemos considerá-lo por esse nome.

Em 1903, o então diretor do laboratório de psicologia e posteriormente presidente da Northwestern University escreveu *The Theory of Advertising (A teoria da propaganda)*, uma das primeiras aplicações da psicologia na área de marketing. Em 1922, Fred E. Clark, um dos fundadores da National Association of Teachers of Marketing e o primeiro presidente da American Marketing Association, escreveu *Principles of Marketing* (*Princípios de marketing*), que o firmou como o pioneiro na literatura fundamental da área. (Iacobucci, 2001a).

De fato, segundo Raimar Richers (2000:4):

> O berço do marketing como disciplina encontra-se indiscutivelmente nos Estados Unidos e sua difusão pelo mundo foi relativamente lenta. Mesmo na Europa, o marketing só começou a ser aceito após a Segunda Guerra Mundial.

Realmente, após esse evento mundial, em 1954, Peter Drucker apresentou o marketing como uma ferramenta poderosa a ser considerada por administradores focados no mercado.

Entretanto, foi em 1960, em um artigo intitulado "Marketing Myopia" ("Miopia de marketing"), publicado na *Harvard Business Review*, que o alemão Theodore Levitt, ao mostrar a importância da satisfação do cliente ao ver atendidas suas necessidades, transformou para sempre o mundo dos negócios, passando a ser reconhecido por muitos como o pai do marketing.

Outra grande contribuição nessa década foi também a publicação do livro *Administração de marketing* (1967), de

Philip Kotler — provavelmente o mais respeitado estudioso em marketing de nossos dias —, em que essa disciplina teve consolidados seus conceitos básicos, que nos servem até hoje de referência.

Na década de 1970, ocorreu a multiplicação dos grandes centros comerciais — dos shoppings centers, dos hipermercados —, que adotaram as estratégias de marketing. Outros setores de atividade passaram a se valer dessas mesmas estratégias, adaptadas às suas necessidades. Multiplicaram-se também as agências de publicidade e, com elas, aumentou o uso da mídia de massa. É a comunicação mercadológica atingindo proporções nunca antes observadas. Nessa época, em 1972, Al Ries e Jack Trout escrevem três artigos, publicados na revista *Advertising Age*, que compunham uma série intitulada "A era do posicionamento", e mudaram não só a propaganda, como também afetaram profundamente toda a visão estratégica de marketing.

Esses artigos originaram o livro *Posicionamento: a batalha pela sua mente*, dos mesmos autores, lançado em 1981. Aliás, nessa década, especialmente no ano de 1982, foi lançado outro livro marcante — *Em busca da excelência* —, no qual Tom Peters e Bob Waterman focam a importância da completa atenção no cliente.

Sobre esse terreno fértil, na década seguinte a cultura dos serviços customizados de atendimento aos clientes foi plantada. Destacam-se o marketing de relacionamento, a personalização da massa e a metodologia marketing 1to1 do Peppers & Rogers Group, que valoriza o tratamento diferente para cada cliente, de acordo com seu valor e suas necessidades.

Segundo Madruga (2004:20):

> Assim como o marketing de massa foi a solução no século passado para levar o maior número possível de produtos para

o maior número imaginável de clientes, o marketing de relacionamento [...] privilegia a interação com seu cliente, com o objetivo de desenvolver, especialmente para ele, um conjunto de valores que o levarão à satisfação e longevidade do seu relacionamento com a empresa.

O aperfeiçoamento de tecnologias já existentes — a internet, o *customer relationship management* (CRM), a telefonia móvel, por exemplo — exerceu forte impacto no marketing, revolucionando a comunicação, a distribuição e diversas outras formas de relacionamento entre empresas e seus clientes desde a década de 2000 até nossos dias. Estava estabelecido o marketing digital. Webmarketing, *mobile* marketing, redes sociais e tantas outras ferramentas tecnológicas e ambientes virtuais transformaram definitivamente o mercado, que se tornou de fato global e totalmente conectado.

Mas novas tecnologias e novas ferramentas surgirão. Sempre. São, entretanto, apenas instrumentos. Sua utilização adequada e eficaz no mercado em constante mudança dependerá do quanto conhecemos e entendemos os conceitos fundamentais do marketing. E é desses conceitos fundamentais que trataremos a seguir.

Kotler (2008) alega que muitas pessoas confundem o marketing com vendas e propaganda, o que se justifica, leitor, em razão de sermos todos os dias bombardeados com inúmeros comerciais de TV, anúncios em jornais e revistas, malas-diretas, telemarketing etc. Todavia, as ações de venda e a propaganda são apenas partes de todo um composto do marketing.

O próprio Peter Drucker (1973:64-65 apud Kotler, 2008:2) defende que "o objetivo do marketing é tornar a venda supérflua". Evidentemente, isso não quer dizer que a atividade de venda não tenha importância, mas que consiste na parte de um conjunto de instrumentos utilizados pelo marketing.

Assim, Kotler (2008:2) define o marketing como "o processo social e gerencial através do qual indivíduos e grupos obtêm aquilo de que necessitam e desejam por meio da criação e troca de produtos e valores".

De fato, se podemos aqui considerar uma palavra que represente fidedignamente o marketing nessa definição de Kotler, essa palavra é processo. Sim, pois o marketing é um processo, uma atividade que consiste na análise do ambiente do mercado, no planejamento, na implementação e no controle de ações que permitam à empresa atuar nesse mercado com relativo sucesso. Isso é, portanto, um processo. E social, pois o objetivo de toda empresa que atua no mercado é lucrar atendendo às necessidades da sociedade.

Concordando com a definição de Kotler, que vê o marketing como um processo, Vicente Ambrósio (1999:1) defende que "o marketing em si é o planejamento e ação de detalhes".

Outras definições sobre marketing merecem nossa consideração. Em 1985, a American Marketing Association definiu o marketing como

> o processo de planejamento e execução da concepção, definição de preços, promoção e distribuição de ideias, bens e serviços para criar trocas que satisfaçam objetivos individuais e organizacionais [Kotler e Armstrong, 2008:30].

Al Ries e Trut (2009) consideram o marketing o desenvolvimento da marca na mente do consumidor. Sim, leitor, essa, de fato, é uma definição importante, pois a batalha do marketing não se dá exclusivamente no mercado, mas inicia-se na mente do consumidor. Ganhar a mente dele significa, em decorrência, ter uma grande chance de ganhar também o mercado. Seu produto pode ser muito bom, ter um preço competitivo, ser bem-distribuído e bem-comunicado (segundo aquilo em que você acredita), mas se o consumidor para o qual ele é oferecido não o percebe dessa forma, então de nada adiantarão seus esforços no mercado.

Inúmeras outras definições do marketing poderiam estar aqui apresentadas, mas nos limitaremos a mais uma que, em nosso entendimento, resume muito bem o que vem a ser o marketing. Esse conceito foi apresentado por Richers (2000:5) e define o marketing "simplesmente como a intenção de entender e atender o mercado". E, como ele mesmo declara:

> Esta, portanto, não pretende ser uma definição filosófica; ela é antes operacional. Para que possamos atender ao consumidor, precisamos, primeiro, entendê-lo, isto é, identificar-nos com o que ele quer, para, depois, esforçarmo-nos para atender aos seus desejos. O resto é adereço [Richers, 2000:5-6].

De fato, se o objetivo do marketing é tornar a venda supérflua, como defendido por Peter Drucker, isso só é possível com pleno entendimento sobre o mercado que pretendemos atender. O próprio Drucker, ao justificar sua assertiva, esclarece que devemos "conhecer e compreender o cliente muito bem, de modo que o produto ou serviço se ajuste [...] e venda por si próprio" (1973:64-65 apud Kotler e Armstrong, 2008:2).

Essa é uma responsabilidade não apenas do profissional especialista em marketing de uma empresa. O marketing transformou-se numa filosofia que deve impregnar a todos que nela atuam. Os elementos centrais do marketing foram centrifugados e passaram a integrar outras áreas na empresa, fazendo do marketing menos um departamento e mais uma diáspora de habilidades espalhadas por toda a organização.

Todos, portanto, temos a responsabilidade de entender para atender ao mercado. Como profissionais de uma empresa, essa é nossa função básica. Como defendido por Drucker (2002:210):

como a finalidade de uma empresa comercial é criar um consumidor, ela tem duas — e somente duas — funções básicas: marketing e inovação. O resto é custo.

Assim, não importando a área na qual estamos lotados no organograma funcional da empresa — recursos humanos, administração, produção, comercial etc. —, todos nós devemos exercer ações de marketing, procurando entender o mercado de forma a atendê-lo, visando, inclusive, aos interesses de nossa empresa nesse mercado.

Uma experiência pessoal exemplifica isso. Procurando bifes já cortados em uma das lojas de um supermercado na Zona Sul do Rio de Janeiro, encontrava dificuldades em achá-los na espessura desejada. Enquanto revirava a prateleira à procura do que atendesse à minha necessidade — e não encontrava —, um funcionário do supermercado, que limpava o chão e me observava sem que eu tivesse percebido, aproximou-se e me ofereceu ajuda. Expliquei o que queria e disse que estava encontrando apenas bifes cortados com espessura mais fina do que a que eu desejava. Ele pediu, então, que eu escolhesse uma peça inteira e ele mesmo solicitaria ao açougue que a cortasse em bifes na quantidade e espessura que eu quisesse. Foi até um telefone fixo preso na parede, próximo de nós, e ligou para o açougue. De lá saiu um açougueiro, todo de branco, de touca, mais parecendo um enfermeiro, que pegou a peça da mão do funcionário, entrou no açougue e voltou com meus bifes já cortados na espessura que eu queria e já embalados e pesados.

Repare, leitor, que não foi o gerente da loja quem me atendeu. Não foi um profissional de marketing. Foi um servente que limpava o chão do supermercado naquela hora. Mas o que ele fez foi marketing. Uma ação de relacionamento. Foi treinado para isso. O marketing, naquela empresa, foi centrifugado e deu habilidades a todos.

Mas, independentemente dos conceitos até aqui apresentados, qual filosofia deve guiar esses esforços de marketing?

Kotler e Armstrong (2008) apresentam cinco filosofias com as quais as organizações podem conduzir suas ações de marketing:

- orientação para a produção;
- orientação para o produto;
- orientação para as vendas;
- orientação para o marketing; e
- orientação para o marketing societal.

Na orientação para a produção, parte-se do princípio de que os consumidores, em geral, preferem produtos de baixo custo. Assim, o foco de gestão para empresas com essa filosofia de marketing é a alta produtividade e ampla cobertura de mercado. Produzir a baixo custo para poder cobrar pouco pelos seus produtos e vendê-los no maior número possível de locais. O lucro é pequeno e o ganho está na escala da demanda por esses produtos. Em mercados menos desenvolvidos, onde os consumidores estão menos interessados nas características dos produtos do que em tê-los, essa filosofia pode fazer sentido. Mas em mercados mais sofisticados, em que os consumidores têm amplo acesso à informação e a muitas opções de fornecedores, é contraproducente. No mercado *business-to-business*, as empresas fornecedoras de commodities agregam serviços ao seu produto para poderem se diferenciar da concorrência, por exemplo, estando com a mercadoria armazenada próxima ao cliente para poder dar resposta rápida ao pedido, reduzindo assim custos de estoque do cliente, ou mesmo fornecendo lotes pequenos, viabilizando o custo logístico por estarem próximos dos clientes.

A orientação para o produto prega que os consumidores desejam produtos melhores do que aqueles que já utilizam.

Assim, os gestores de organizações com essa filosofia procuram fabricar sempre produtos com melhor qualidade e preocupam-se em aperfeiçoá-los com o tempo. Muitas vezes, entretanto, não percebem se os consumidores sentem, de fato, necessidade desses produtos aperfeiçoados.

Exemplificando: a Microsoft® procura regularmente aperfeiçoar seus produtos, lançando no mercado versões atualizadas de seu sistema operacional e aplicativos. São, de fato, melhorias segundo a percepção da empresa. Mas o quanto os consumidores de seus produtos, já usuários de versões anteriores, precisam delas? Você, leitor, que faz uso em seu computador do Windows XP® e do Office 2003®, por exemplo, precisa de versões mais atualizadas desses produtos, tais como o Windows 7® ou o Office 2010®?

A orientação para as vendas defende que os consumidores, por vontade própria, não compram a quantidade suficiente de produtos que a empresa gostaria que comprassem. A organização, portanto, deve estimulá-los a isso por meio de esforços agressivos de venda apoiados em propaganda massiva. Isso significa que os consumidores devem ser persuadidos a comprar. Considerando o excesso de capacidade, o objetivo dessas empresas é vender o que fabricam e não fabricar o que se vende, ou seja, aquilo de que o mercado naturalmente necessita.

Por outro lado, na orientação para o marketing, o foco da gestão está em:

- identificar o melhor segmento do mercado, o que atenda aos interesses e objetivos da empresa;
- determinar quais as ações mais efetivas para atrair esse público; e
- definir o que fazer para fidelizá-lo. Esta filosofia vai de encontro às três anteriormente apresentadas — produção, produto e vendas. Como explicam Kotler e Armstrong (2008:41):

> A orientação de vendas adota uma perspectiva de dentro para fora. Começa com a produção, concentra-se nos produtos existentes e exige ênfase em vendas e promoção para gerar lucro. A orientação de marketing adota uma perspectiva de fora para dentro. Começa com o mercado bem-definido, focaliza as necessidades dos clientes, coordena todas as atividades a fim de satisfazê-las, obtendo lucro dessa satisfação.

A orientação para o marketing, que visa a fidelização do cliente, proporciona efeitos econômicos importantes. Vejamos como Reichheld (1996) explica isso.

Todas as empresas têm de investir dinheiro para atrair novos clientes — publicidade, promoções, comissões de vendas etc. Todos esses exemplos correspondem a custos de aquisição. Um cliente contumaz não apresenta esses custos.

Todo cliente compra sempre algum produto ou serviço da empresa, ou não poderia ser chamado de cliente. O preço que paga por esses produtos é, normalmente, mais alto que os custos para a empresa produzi-los. Assim, esse cliente sempre proporciona algum lucro para a empresa, independentemente do que — e de quanto — compra.

Os gastos do cliente tendem a acelerar com o tempo. Assim, hoje compra uma camisa, amanhã outra camisa, uma calça e um par de sapatos. Hoje, o cliente coloca gasolina no tanque do seu carro. Em outro dia, enche o tanque e troca também o óleo. A tendência é um permanente aumento da receita com o cliente fidelizado.

Os custos operacionais caem quando um cliente se relaciona mais com a empresa. À medida que passa a conhecer melhor o negócio, o cliente se torna mais eficiente. Não desperdiça tempo solicitando o que a empresa não oferece. A familiaridade que tem com os produtos e serviços da empresa o torna menos dependente para a obtenção de informação e conselho.

Os benefícios, em termos de custos operacionais, portanto, são obtidos diretamente da forma pela qual os clientes mais antigos e os funcionários mais antigos interagem e aprendem uns com os outros.

Outro aspecto muito importante, oriundo da fidelidade de um cliente, é que ele recomenda a empresa a outras pessoas de sua confiança. Isso significa melhores referências da empresa para o mercado. Todos nós somos muito mais sensíveis à recomendação de um amigo do que a uma propaganda paga em qualquer veículo de comunicação.

E, por último, mas não menos importante, os clientes mais antigos estão mais dispostos a pagar efetivamente preços maiores do que os novos clientes conquistados. Tendem a pagar mais pela manutenção desse relacionamento duradouro. Clientes leais são mais avessos aos riscos com novos fornecedores.

Figura 1

EFEITOS ECONÔMICOS DA LEALDADE DO CLIENTE

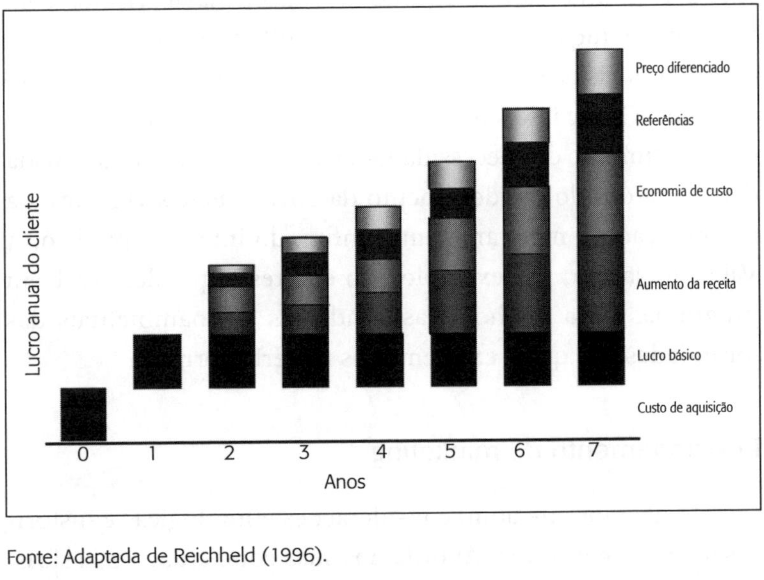

Fonte: Adaptada de Reichheld (1996).

Para aplicar a orientação para o marketing em seus três aspectos, ou seja, identificar o melhor segmento do mercado, determinar as ações mais efetivas para atrair esse público e definir o que fazer para fidelizá-lo, precisaremos, respectivamente:

- ❑ do uso adequado da estratégia de segmentação de mercado (que veremos no capítulo 2);
- ❑ conhecer bem as características de nosso público e o ambiente de nosso mercado para desenvolvermos o composto de marketing mais eficiente; e, por último,
- ❑ programar ações de relacionamento que levem à fidelização de nossos clientes. Esta última, mais afeita ao marketing de serviços.

Para finalizar, leitor, temos a quinta filosofia orientadora dos esforços de marketing — o marketing societal. Essa filosofia considera a orientação para o marketing, mas com considerações sociais e éticas em suas práticas. Para Kotler e Armstrong (2008:47): "Elas devem equilibrar e fazer malabarismos com três considerações frequentemente conflitantes: lucros para a empresa, satisfação dos desejos dos consumidores e interesse público". O que isso significa? Que o objetivo é o lucro, o meio é o atendimento das necessidades do consumidor, mas que nada disso seja obtido em detrimento da ética, das leis vigentes, da preservação do meio ambiente, enfim, do interesse público. A Vale e a Natura, por exemplo, são empresas que desenvolvem programas para melhorar as condições socioambientais das localidades nas quais extraem suas matérias-primas.

Posicionamento de marketing

Já fizemos, até aqui, considerações etimológicas e históricas sobre o marketing. Abordamos suas conceituações básicas, tais como suas definições pela visão de diversos estudiosos do assunto, assim como as filosofias que podem orientar as ações de marketing. Mas outro conceito merece nossa especial atenção: o posicionamento de marketing.

Como já citado, em 1972, dois profissionais de marketing, Al Ries e Jack Trout, escreveram uma série de artigos, intitulada "A era do posicionamento", que mudou não só a propaganda desde então, como também toda a estratégia do marketing (Ries e Trout, 2009).

Os autores apresentaram assim esse novo conceito:

> Hoje tornou-se evidente que a publicidade entrou numa nova era. Uma era em que a criatividade não é mais a chave do sucesso. A brincadeira e os jogos dos anos 1960 deram lugar à dura realidade dos anos 1970. O mercado de hoje não é mais sensível à publicidade que se fez no passado. Existem muitos produtos, muitas empresas, muito barulho no marketing. Para se ter sucesso em nossa sociedade saturada de comunicação, uma empresa deve criar uma posição na mente de seu cliente em potencial. Uma posição que leve em consideração não apenas suas forças e fraquezas, mas as dos seus concorrentes também. A publicidade está entrando numa nova era em que a estratégia é a rainha [Ries e Trout, 2009: 21].[1]

De fato, o posicionamento é a estratégia que deve governar todo o planejamento em marketing. É ele que define o que faremos com o produto, com o preço, com o ponto e com a promoção para alcançarmos nossos objetivos de mercado.

Ries e Trout (2009:2) definiram assim o que é posicionamento: "não é o que você faz com o produto. Posicionamento é

[1] Tradução livre.

o que você faz na mente do cliente em perspectiva. Ou seja, você posiciona o produto na mente do comprador em potencial".

Kotler e Armstrong (2008:161) acrescentam: "O posicionamento de um produto é o complexo grupo de percepções, impressões e sentimentos que o consumidor tem sobre um produto em comparação com os produtos concorrentes".

Poderíamos até, por brincadeira, rebatizar o conceito posicionamento com o nome "posicionamente", pois essa estratégia visa sempre ocupar a mente do cliente-alvo. Na verdade, as batalhas do marketing devem ser travadas pela conquista da mente desse cliente. O sucesso se dá em decorrência disso. O que faremos com o produto, com o preço, com o ponto e com a promoção depende, fundamentalmente, de nossa estratégia de posicionamento.

Veremos como se processa essa estratégia. Mas antes, até mesmo para melhor entendê-la, consideraremos os fundamentos científicos da psicologia da percepção da escola Gestalt.

A Gestalt é uma escola de psicologia experimental criada no fim do século XIX por Von Ehrenfels, filósofo vienense, mas efetivamente iniciada somente por volta de 1910. A Gestalt apresenta uma teoria sobre o fenômeno da percepção, qual seja, nós não vemos partes isoladas, mas relações. Cada parte depende da outra. E o que nós percebemos é resultado da sensação do todo. Este princípio é chamado de pregnância da forma, que significa que a nossa percepção procura o sentido da clareza, da unidade, do equilíbrio (Gomes Filho, 2000).

Podemos entender melhor essa teoria observando a figura 2.

Figura 2

PREGNÂNCIA DA FORMA

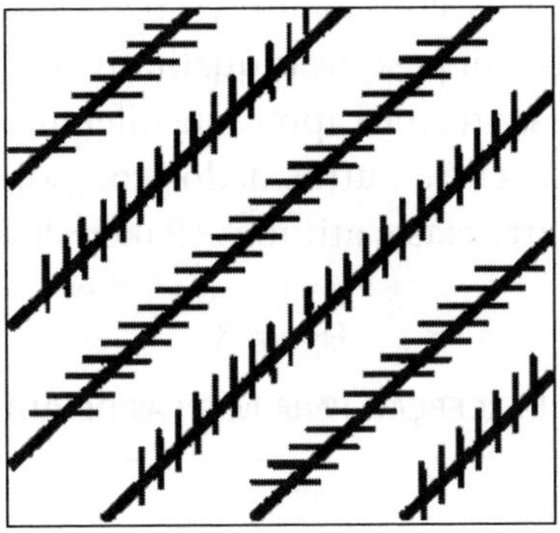

Fonte: Gomes Filho (2000).

As retas oblíquas na figura são paralelas, mas você não percebe isso. Por quê? Em razão daquelas várias outras pequenas retas — horizontais e verticais — colocadas junto a elas. Como explica a Gestalt, nós não vemos as partes, mas o todo. Isso é a pregnância da forma. Nossa mente vê o todo, não as partes isoladas. E o que isso tem a ver com a estratégia de posicionamento? Tudo, pois o posicionamento é a estratégia que define como você quer ser percebido pelo mercado. A compreensão, portanto, da psicologia da Gestalt vai lhe ajudar nesse sentido. Vejamos.

O processo de análise para elaboração do posicionamento de marketing pode ser resumido nestes quatro passos:

- Que posicionamento (percepção, imagem) você tem, agora, no mercado?
- Que posicionamento (percepção, imagem) você deseja ter?
- Quem (empresas, produtos) tem, no mercado, a percepção que você deseja?
- Que ações você deve tomar para se destacar com a percepção desejada?

Um instrumento bastante utilizado na estratégia de posicionamento de marketing é o mapa de percepção (figura 3). Ele mostra como os consumidores percebem os produtos e serviços com base em pesquisas qualitativas (Hooley, Saunders e Piercy, 2001). Essa técnica apresenta diferenças, similaridades, substitutibilidade, entre outros dados comportamentais, como percepções, preferências e atitudes (Baker, 2002).

Figura 3

Mapa de Percepção para Marcas de Automóveis

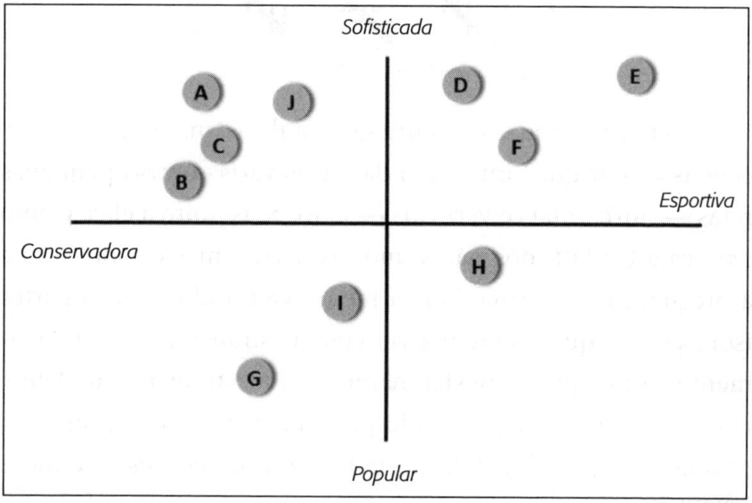

Fonte: Gomes Filho (2000).

Por exemplo: você, leitor, trabalha em uma montadora que pretende renovar seu portfólio, lançando novas marcas. Por meio de pesquisas, você montou o mapa de percepção de marcas para o mercado automotivo. Por esse processo, você identificou apenas uma marca percebida como popular e esportiva. Isso pode representar uma oportunidade de mercado a ser explorada.

Considerando os quatro passos do processo de análise de posicionamento:

- Que posicionamento (percepção, imagem) você tem, agora, no mercado?
  Nenhum. Você ainda não tem qualquer marca para esse posicionamento específico.
- Que posicionamento (percepção, imagem) você deseja ter?
  O posicionamento de um veículo popular, acessível, e que passe a percepção de um carro esportivo.
- Quem (empresas, produtos) tem, no mercado, a percepção que você deseja?
  Pelas pesquisas que serviram de base para a montagem do mapa de percepção, a única marca com esse posicionamento é a marca H.
- Que ações você deve tomar para se destacar com a percepção desejada?

Estudos mais completos servirão de base para definir quais devem ser as características dessa nova marca que se pretende lançar, para que consiga se posicionar como um veículo esportivo e popular, de forma a se destacar em relação à marca H, já existente no mercado.

Como fazer isso? Vamos voltar agora para a psicologia da Gestalt. Como já vimos, o que conta é a percepção que o cliente tem. Aquelas retas oblíquas da figura 2 são paralelas, mas você não as percebe assim em razão daquelas pequenas retas horizontais e verticais que interferem na sua percepção. A nossa mente percebe o todo, o equilíbrio. E quando algo, algum detalhe, quebra esse equilíbrio, isso provoca o que é chamado de dissonância cognitiva. Esse termo se refere ao conflito de ideias ou crenças incompatíveis, que provoca em nós o desconforto (Kanuk e Schiffman, 2009). E, se nos provocam desconforto, é mais fácil rejeitá-las do que nos adaptarmos a elas — ainda mais em um mundo com tantas opções.

Assim, o que fazer para que sua marca K — vamos chamá-la assim — possa se destacar como uma marca popular e esportiva, superando a marca H? Todas as suas ações devem contribuir para passar a percepção que você deseja. Lembre-se de que, pela teoria da Gestalt, nós não vemos partes isoladas, mas relações. Cada parte depende da outra. E o que nós percebemos é resultado da sensação do todo.

Se é assim, o que fazer com o composto do mix de marketing — o produto, o preço, o ponto e a promoção — para que isso seja atingido? Seu carro precisa parecer esportivo a um preço mais popular que o da marca H. Nada pode falhar, sob pena de provocar a dissonância cognitiva sobre a qual falamos acima e o posicionamento de marketing pretendido não ser obtido.

Caminhe pelos corredores de dois dos mais sofisticados shoppings do Brasil: o Shopping Leblon, no Rio de Janeiro, e o Shopping Iguatemi, em São Paulo. Nesses dois centros comerciais encontrará, por exemplo, as lojas Chanel — uma das marcas mais sofisticadas do mundo. Moda, perfumes, acessórios, joias, relógios, enfim: produtos Chanel. Você imaginaria uma loja Chanel na rua 25 de março, em São Paulo, ou na região do Saara, no Rio de Janeiro, junto de todas aquelas lojas populares? O que acha de um Chanel nº 5 vendido ao preço de R$ 20,00? O que acabou de sentir é a dissonância cognitiva, o desconforto com algo que vai de encontro às percepções que se tem dessa marca.

Como a Chanel está posicionada como uma marca tradicionalmente de luxo, os que a administram tratam de manter esse posicionamento, cuidando para que seus produtos, seus preços, a localização de suas lojas e a comunicação de sua marca — o mix de marketing — coexistam em equilíbrio, sustentando essa percepção.

A Gafisa, a Cyrela e a Even são empresas brasileiras do mercado de construção e incorporação com foco no mercado residencial. Estão posicionadas para o segmento de imóveis de padrões médio e alto. O crescimento do poder aquisitivo da classe C no país, criando uma nova classe média, apresentou-se como uma ótima oportunidade para novos negócios.

Todavia, as três empresas nunca trabalharam com esse segmento. Atuarem com as mesmas marcas poderia provocar um posicionamento confuso na percepção do mercado. Numa estratégia inteligente e coerente de posicionamento em marketing, a Gafisa, em 2007, constituiu a Fit Residencial para atuar nesse segmento e, em 2008, comprou 60% do capital da Tenda Construtora, empresa já posicionada nesse mercado. Com o mesmo cuidado em suas estratégias de posicionamento, a Cyrela, em 2006, criou a Living, e a Even, em 2008, a Open.

Como se pode observar, o desenvolvimento, a aplicação e a manutenção de uma estratégia de posicionamento exigem do profissional de marketing muito cuidado. Um simples detalhe pode significar o sucesso ou o fracasso de seu produto no mercado.

E isso é muito difícil, muito trabalhoso. Exige profundo conhecimento e entendimento do ambiente de marketing da empresa. E sobre esse ambiente falaremos a seguir.

Ambiente de marketing

Imagine-se como o piloto de um avião. Você está sentado em sua poltrona preparando-se para viajar. Faz uma *checklist* de todos os equipamentos, verifica a presença de toda a tripulação, analisa o programa de voo, verifica as previsões meteorológicas relacionadas à sua rota, enfim, toma todos os cuidados para que sua viagem possa transcorrer de forma segura e tranquila até o destino.

Seja como o comandante de um avião, como o capitão de um navio ou como o gestor de uma empresa, você precisa conhecer bem o ambiente — em que está, ou pretende estar — para poder levantar voo com segurança e alcançar seu destino. Você precisa conhecer o ambiente que o cerca — interno e externo — para que possa tomar decisões acertadas. Mas, metáforas à parte, em que consiste o ambiente de uma empresa?

Berton e Fernandes (2004) argumentam que a ideia de ambiente é tratada de uma maneira vaga e imprecisa dentro da teoria das organizações. Mas há um consenso de que o ambiente de uma empresa representa um dos elementos centrais no processo de formação de uma estratégia.

Os autores defendem que o ambiente de uma empresa pode ser dividido em dois níveis: o ambiente geral ou macroambiente, relativo às forças externas que podem influenciar a organização, e o ambiente operacional ou setorial, constituído dos clientes, fornecedores, concorrentes e outros.

Kotler e Armstrong (2008) dividem o ambiente de marketing de uma empresa também em dois níveis — o microambiente (empresa, fornecedores, intermediários, clientes, concorrentes e o público em geral) e o macroambiente (ambiente demográfico, econômico, natural, tecnológico, político e cultural).

No intuito de facilitar o entendimento, vamos dividir, aqui, o ambiente de marketing de forma mais detalhada, em quatro níveis: o ambiente organizacional, o microambiente, o macroambiente e o ambiente global (figura 4).

Figura 4

O AMBIENTE DE MARKETING DE UMA EMPRESA

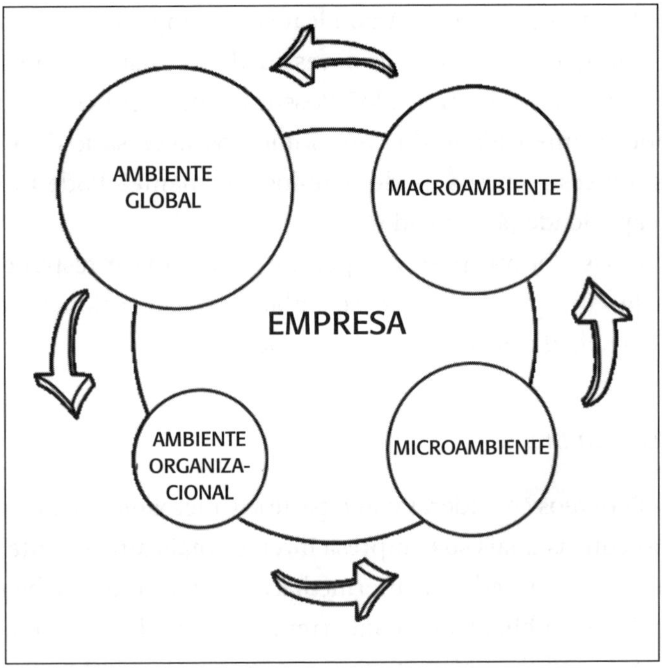

A seguir, apresentaremos detalhadamente o que caracteriza cada tipo de ambiente.

O ambiente organizacional

Esse ambiente consiste na própria empresa — na sua estrutura organizacional e física, na sua filosofia de gestão, na sua cultura, no seu corpo funcional, na sua capacidade de investimentos, enfim, em todos os recursos que possui e que pode utilizar.

É uma irresponsabilidade ou, no mínimo, uma temeridade tomar alguma decisão de mercado sem o real conhecimento das condições do ambiente interno da empresa. O que parece uma boa oportunidade pode se transformar em uma armadilha. Seu corpo funcional está bem-preparado e motivado? O nível de tecnologia necessário está ao alcance da empresa? A empresa tem condições de atender às necessidades de distribuição e serviços exigidos pelo mercado? Possui recursos suficientes para atender à intensidade dos investimentos necessários? Se não possui esses recursos, pode obtê-los facilmente? Pode utilizar sua capacidade já instalada?

Essas e outras possíveis perguntas devem ser respondidas para que a empresa conheça seu ambiente organizacional e tenha consciência de suas reais possibilidades.

O microambiente

Podemos considerar como parte do microambiente todas as forças com as quais sua empresa interage mais diretamente, tais como seus fornecedores, intermediários (distribuidores, bancos, agências de publicidade), concorrentes e formadores de opinião, entidades públicas e organizações não governamentais.

Conhecer bem seus fornecedores, a capacidade deles para suprir sua empresa com as matérias-primas na qualidade, preço e prazo adequados é fundamental para o planejamento seguro de sua produção. Os intermediários são aqueles que ajudam a empresa a promover, vender, distribuir seus bens para os compradores finais. Ao procurar criar um relacionamento positivo com os clientes, a empresa deve fazer mais do que apenas melhorar seu próprio desempenho. Deve se relacionar e efetivamente com os intermediários para aperfeiçoar o desempenho de todo o sistema.

Nos tempos das diligências, no oeste dos Estados Unidos, valia a lei do mais rápido no gatilho. Os cemitérios das cidades ficavam cheios de pistoleiros que demoravam a sacar suas armas dos coldres em duelos com outros pistoleiros mais rápidos. Mas devem existir algumas sepulturas com esses últimos, que encontraram em seus caminhos outros ainda mais velozes. A soberba, oriunda do sucesso, muitas vezes nos ilude quanto à necessidade de respeitar nossos adversários. Esse respeito é demonstrado pela nossa preocupação em conhecê-los bem, no que são bons e no que nem tanto.

Os profissionais de marketing não devem considerar apenas seus consumidores, mas também seus concorrentes e as vantagens competitivas que possuem — ou são capazes de possuir — no mercado em que atuam. Os cemitérios corporativos estão repletos de organizações que se achavam mais rápidas no gatilho do que qualquer oponente no mercado.

Assim, é importante que saibamos qual o nível de força de nossos concorrentes, se são passivos ou agressivos e até mesmo se existe a possibilidade de mudança no tipo da concorrência com a entrada de produtos e serviços substitutos dos nossos.

E quanto aos formadores de opinião? Temos aqui de fato mais do que instituições administrativa e legalmente organizadas. As redes sociais têm exercido uma enorme influência hoje. São grupos informalmente organizados, compostos de milhares, às vezes de milhões de membros, capazes de mover a opinião pública a favor ou contra qualquer coisa, até mesmo de eleger ou derrubar governos. Todo o cuidado é necessário na elaboração de uma estratégia. Entre eles, deve estar o de preparar a opinião pública para que seja favorável às nossas ações no mercado.

O macroambiente

São forças maiores, que afetam seu ambiente organizacional e microambiente, mas com as quais é mais difícil sua interação.

Podemos considerar aqui o ambiente social, econômico, tecnológico e político.

Nosso país passa por profundas mudanças nesses ambientes. A estabilidade econômica e o crescimento sustentável de nossa economia proporcionaram a ascensão de uma nova classe média, fazendo com que o Brasil tenha um dos maiores mercados de consumo de massa do planeta. A estabilidade política e econômica e essa mobilidade social positiva têm atraído investimentos estrangeiros diretos que, antes direcionados à especulação financeira, agora são focados na produção de bens e serviços. Novas tecnologias tornam o acesso à informação democrático e os consumidores, consequentemente, muito mais sofisticados.

Não podemos mudar o que esse ambiente nos apresenta, mas podemos nos aproveitar dessas mudanças. Como uma onda do mar que não pode ser detida, essas mudanças avançam sobre nossa praia. O equipamento e a preparação certos devem nos permitir surfá-la.

O ambiente global

Vivemos em uma aldeia global. A tecnologia eliminou distâncias. Eventos ocorridos em qualquer parte do planeta podem afetar nossos interesses de forma direta ou indireta e, algumas vezes, em tempo real.

Já foi o tempo em que eventos ocorridos do outro lado do mundo pouco nos importavam ou demoravam a nos afetar. Por exemplo, primeiro foram os países comunistas, cujos governos foram caindo um após o outro, desintegrando a antiga União Soviética. A política mundial foi afetada por essas mudanças. Agora, no início da segunda década do século XXI, no maior centro produtor de petróleo do mundo, são as ditaduras árabes que caem, uma após outra, podendo trazer importantes mudanças econômicas decorrentes. Precisamos estar atentos a toda e qualquer mudança no ambiente global, no que tange à:

- economia;
- política;
- demografia;
- cultura e sociedade;
- tecnologia;
- regulação do comércio internacional.

Aliás, qualquer mudança em qualquer desses ambientes pode nos afetar positiva ou negativamente, dependendo de nossos interesses no mercado: uma mudança no perfil etário da população, no seu poder de consumo; uma nova tecnologia; mudanças nas políticas de governo, na taxa de câmbio; uma nova lei aprovada no Congresso. Como vimos no início de nosso capítulo, para atender ao mercado precisamos antes entendê-lo. E esse entendimento passa pelo estudo profundo e detalhado de nosso ambiente de marketing, o qual será objeto da seção a seguir.

Introdução ao marketing estratégico

Costuma-se dizer que o marketing é uma atividade fundamentalmente estratégica. Mas o que significa isso? Já vimos o que é marketing, mas o que é estratégia?

A palavra estratégia origina-se da palavra grega *stratègós* (de *stratos*, exército, e *ago*, liderança ou comando) (Ferreira, 2010). Hoje, essa palavra é uma das mais utilizadas no mundo corporativo e na literatura especializada. De tão comum, parece tratar-se de um conceito já firmado e estabilizado, com um sentido já consensual.

Este vocábulo teve, entretanto, vários significados diferentes no decorrer do desenvolvimento da administração estratégica. Dependendo do contexto no qual é empregado, pode ter vários deles. Escolhemos apenas uma dessas tantas definições conceituais, a de Thompson e Strickland (2000), que consideram a estratégia um conjunto de abordagens comerciais para atingir o melhor desempenho da empresa, um planejamento para reforçar a posição da organização no mercado, promover a satisfação dos clientes e atingir os objetivos de desempenho. Essa definição se mostra suficiente para nosso propósito, que é não o de nos aprofundarmos no conceito de estratégia em si, mas de entendermos sua relação com o marketing.

Existem inúmeros outros conceitos de estratégia. Hambrick (1983:55) afirmava que estratégia é "um conceito multidimensional e situacional", o que dificulta uma definição de consenso. Alguns conceitos históricos de estratégia adotados e seus autores podem ser vistos no quadro 1.

Quadro 1

Definições de Estratégia na Literatura de Gestão Empresarial

Autor	Definição de estratégia
Chandler (1962)	Estratégia é a determinação dos objetivos básicos de longo prazo de uma empresa e a adoção das ações adequadas e afetação de recursos para atingir esses objetivos.
Ansoff (1965)	Estratégia é um conjunto de regras de tomada de decisão em condições de desconhecimento parcial. As decisões estratégicas dizem respeito à relação entre a empresa e seu ecossistema.
Learned, Christensen, Andrews e Guth (1965); Andrews (1971)	Estratégia é o padrão de objetivos, fins ou metas e principais políticas e planos para atingir esses objetivos, estabelecidos de forma a definir qual o negócio em que a empresa está e o tipo de empresa que é ou vai ser.

Continua

Autor	Definição de estratégia
Katz (1970)	Estratégia refere-se à relação entre a empresa e seu meio envolvente: relação atual (situação estratégica) e relação futura (plano estratégico, que é um conjunto de objetivos e ações a tomar para atingir esses objetivos).
Steiner e Miner (1977)	Estratégia é o forjar de missões da empresa, estabelecimento de objetivos à luz das forças internas e externas, formulação de políticas específicas e estratégias para atingir objetivos e assegurar a adequada implantação, de forma que os fins e objetivos sejam atingidos.
Hofer e Schandel (1978)	Estratégia é o estabelecimento dos meios fundamentais para atingir os objetivos, sujeito a um conjunto de restrições do meio envolvente. Supõe a descrição dos padrões mais importantes da afetação de recursos e a descrição das interações mais importantes com o meio envolvente.
Michael Porter (1980)	Estratégias competitivas são ações ofensivas ou defensivas para criar uma posição defensável numa indústria, para enfrentar com sucesso as forças competitivas e assim obter um retorno maior sobre o investimento.
Jauch e Glueck (1980)	Estratégia é um plano unificado, englobante e integrado, relacionando as vantagens estratégicas com os desafios do meio envolvente. É elaborado para assegurar que os objetivos básicos da empresa sejam atingidos.
Quinn (1980)	Estratégia é um modelo ou plano que integra os objetivos, as políticas e a sequência de ações num todo coerente.
Thietart (1984)	Estratégia é o conjunto de decisões e ações relativas à escolha dos meios e à articulação de recursos com vistas a atingir um objetivo.
Martinet (1984)	Estratégia designa o conjunto de critérios de decisão escolhido pelo núcleo estratégico para orientar de forma determinante e durável as atividades e a configuração da empresa.
Ramanantsoa (1984)	Estratégia é o problema da afetação de recursos envolvendo de forma durável o futuro da empresa.
Mintzberg (1988)	Estratégia é uma força mediadora entre a organização e seu meio envolvente: um padrão no processo de tomada de decisões organizacionais para fazer face ao meio envolvente.
Hax e Majluf (1988)	Estratégia é o conjunto de decisões coerentes, unificadoras e integradoras que determina e revela a vontade da organização em termos de objetivos de longo prazo, programa de ações e prioridade na afetação de recursos.

Fonte: Adaptado de Nicolau (2001).

Diante de todos os conceitos apresentados, pode-se dizer que a estratégia é a criação de uma vantagem exclusiva e valiosa.

O principal ingrediente é ser diferente, ou seja, ocupar uma posição não explorada e assumir uma personalidade de valor único.

A estratégia de marketing fundamenta-se no estudo detalhado de variáveis que norteiam o ambiente de uma empresa — as variáveis controláveis e incontroláveis — e na aplicação de ações que possibilitem à empresa alcançar seus objetivos de mercado. Quanto às variáveis, podemos considerar que as controláveis normalmente habitam o ambiente interno ou organizacional e são passíveis de gerenciamento, ou seja, podem ser dimensionadas, redimensionadas, alteradas conforme as necessidades da empresa. Podemos aqui considerar variáveis controláveis de uma empresa o produto, o preço, a praça (distribuição) e a promoção (comunicação), que denominamos o composto do mix de marketing. Sim, controláveis, pois as políticas de produto, preço, distribuição e comunicação cabe à própria empresa decidir e aplicar.

Kotler e Armstrong (2000:160) alegam que

> As empresas e seus fornecedores, intermediários de marketing, clientes, concorrentes e público, representam fatores não controláveis que a empresa precisa monitorar e aos quais precisa responder.

Permitimo-nos aqui discordar. Uma empresa que não pode exercer qualquer controle (fatores não controláveis, como o próprio autor assevera) sobre seus fornecedores, intermediários, clientes, concorrentes ou público está morta. Uma empresa, em geral, pode escolher seus fornecedores e intermediários e, dependendo de sua força, tem poder de barganha em relação a eles.

Como os clientes podem ser considerados não controláveis? Você já comprou tantas vezes influenciado por determinada propaganda, já trocou de carro porque o design daquele novo modelo lhe foi irresistível, já cedeu às inúmeras liquidações. Concorrentes não controláveis? Pergunte aos executivos da Ambev® sobre a entrada da Nova Schin® no mercado de cervejas. A concorrência tornou-se acirrada e a Ambev® teve de rever suas estratégias, já que dominava praticamente sozinha o mercado de cervejas no Brasil. E questione os da Coca-Cola® sobre o guaraná Jesus®, que sempre foi líder no estado do Maranhão, apesar de ter sido, durante décadas, uma empresa local sem os mesmos recursos da concorrente nacional. Veja o sistema operacional Android®, da Google®, que superou o Symbian®, da Nokia®, líder do mercado de *smartphones*, tornando-se a plataforma número um do mundo na categoria em 2010. Quanto aos públicos interno e externo de uma empresa, torna-se desnecessária a argumentação que os caracterize como controláveis.

Sendo assim, podemos considerar o macroambiente e o ambiente global como aqueles onde podemos encontrar as variáveis possivelmente incontroláveis de fato. Mas, mesmo nesses ambientes, essa qualificação é relativa. Compõem o macroambiente de uma empresa — como já visto anteriormente — fatores sociais, econômicos, tecnológicos e políticos. É muito difícil para a maioria das empresas — se não impossível — interferir nessas variáveis. Todavia, não é impossível para todas elas. Por exemplo, o MySpace (criado em 2003), o Orkut e o Facebook (criados em 2004) e o Twitter (criado em 2006) são produtos da internet que afetaram — e afetam — profundamente o ambiente social; redes de relacionamento capazes até de provocar mudanças importantes no ambiente político (podem ajudar a eleger presidentes ou derrubar governos).

Neste capítulo, vimos que a estratégia de marketing fundamenta-se no estudo das variáveis controláveis e incontroláveis.

O sistema de inteligência de marketing (SIM) é um instrumento de apoio que o marketing utiliza para o estudo das variáveis citadas. O SIM é um processo que integra continuamente procedimentos, equipamentos e pessoas para coletar, selecionar, relacionar, analisar e obter informações para subsidiar, em tempo hábil, os processos decisórios do marketing.

Segundo Pinheiro e colaboradores (2011:19), o SIM eficiente permite aos gestores: identificar oportunidades e ameaças, gerar subsídios para criação de vantagens competitivas, acompanhar mudanças comportamentais e aprimorar continuamente o processo de planejamento estratégico.

Você, leitor, pôde comprovar as vantagens da fidelização de um cliente e conhecer a importância do marketing estratégico.

No capítulo a seguir veremos como — com base nesses estudos — a aplicação das ações de marketing possibilitam à empresa alcançar seus objetivos de mercado. Serão abordados a importância da segmentação do mercado, os critérios de segmentação e as decisões estratégicas para a seleção dos segmentos.

Exercitando conceitos

1. Quais as vantagens da fidelização de um cliente?
2. Quais são os ambientes de marketing de uma empresa e o que os caracteriza?
3. Na hipótese de você ser proprietário há pouco tempo de um salão de beleza num bairro de classe média e surgir um concorrente na mesma galeria, qual seria a estratégia de marketing fundamentada nas variáveis controláveis e incontroláveis?
4. As mudanças políticas, econômicas e tecnológicas nos dias atuais são tão rápidas e impactantes que podem colocar uma

empresa no mercado ou tirá-la dele. No seu segmento de negócios, quais são as variáveis do macroambiente político, demográfico, tecnológico, econômico e sociocultural que você deve monitorar constantemente para capturar as oportunidades antes da concorrência e neutralizar as ameaças antes que ocorram?

2

Mix de marketing frente ao mercado e segmentação do mercado

No capítulo anterior vimos em qual ambiente o marketing atua, bem como a função e a responsabilidade que assume no âmbito organizacional.

Neste capítulo, apresentaremos a você, leitor, inicialmente o que o marketing utiliza para fazer a mágica de concretizar suas atividades e contribuir para que a organização alcance os resultados almejados em um ambiente cada vez mais competitivo. Descreveremos os elementos do marketing e as nuances de cada um deles. São os instrumentos de trabalho do marketing para fazer a proeza de satisfazer consumidores. Em seguida, mostraremos como identificar e atingir o público-alvo mais adequado ou promissor, de maneira a não só conquistar, mas manter a preferência dos consumidores a favor dos produtos da empresa e à revelia dos concorrentes.

Mix de marketing frente ao mercado: produto, preço, praça e promoção

Em 1948, James Culliton cunhou a expressão marketing mix (composto de marketing), que ganhou visibilidade a partir de 1960, por meio de McCarthy, e tornou-se conhecida como os 4 Ps do marketing: produto, preço, praça e promoção.

Atualmente, encontramos alguns autores que propõem outros Ps além dos quatro iniciais, como o P de público, o P de pesquisa, entre outros. Ocorre que os 4 Ps são exclusividades da organização. Compete apenas a ela a decisão sobre o que produzir, qual preço praticar, em que praça (local) distribuir e o que comunicar. Mas nem o público nem a pesquisa são exclusividades de qualquer organização. O público é objeto de disputa entre as organizações e a pesquisa é método disponível para qualquer instituição ou área do conhecimento. Assim, continuamos adeptos dos 4 Ps. É com o conhecimento sobre esses elementos (os únicos com os quais conta e sobre os quais tem poder) que o profissional de marketing dará conta de enfrentar as mudanças ambientais e a competição cada vez mais acirrada para alcançar resultados favoráveis.

O sucesso almejado pelos profissionais do marketing para a empresa depende do conhecimento que eles detêm sobre os 4 Ps, para que possa combiná-los de forma justa e adequada às mutáveis circunstâncias ambientais. Esse é o desafio que o espera. Assim, convidamos você, leitor, a nos acompanhar na viagem de conhecimento dos 4 Ps, iniciando pelo produto.

Produto

São muitas as definições que você pode encontrar para produto, a maioria delas válidas e próximas entre si. Usaremos a de Hawkins, Mothersbaugh e Best (2007:14): "um produto é qualquer coisa que um consumidor adquire ou pode adquirir para atender a uma necessidade percebida".

Por essa definição, podemos dizer que, de forma geral, produtos incluem objetos físicos, organizações, ideias, locais, ou pessoas. Motocicletas, sabonetes e sapatos são produtos físicos oferecidos para satisfazer necessidades de transporte, higiene e proteção. Consultar o médico, assistir a um filme, receber uma massagem, ao contrário dos produtos anteriores, são produtos imateriais para suprir necessidades de saúde, lazer e bem-estar. O sabonete e o sapato satisfazem necessidades pessoais ou familiares, são produtos ditos de consumo. Mas, quando uma empresa adquire um produto para incorporá-lo ao seu próprio, por exemplo couro e cadarço para fabricar sapatos ou energia para fazer suas máquinas funcionarem, estes (no caso, o couro e a energia) são ditos produtos industriais.

Observe atentamente os exemplos que acabamos de citar. É fácil deduzir que há duas grandes tipologias de produtos: os materiais, como o sapato, o sabonete, a moto e o couro, denominados produtos tangíveis; os outros produtos, como as consultas médicas e massagens, denominados produtos intangíveis e também comumente chamados de serviços.

Agora é chegada a hora de você, leitor, ampliar e aprofundar seu entendimento sobre produtos tangíveis e intangíveis e sobre as várias perspectivas pelas quais poderá tratá-los. Começaremos pelos produtos tangíveis e, na sequência, abordaremos os intangíveis.

Produtos tangíveis

Os produtos tangíveis são físicos. Olhando para eles nas lojas, você diz: é um sapato, ou: é um fogão. Mas nas lojas há muitos sapatos e muitos fogões. Alguns sapatos são esportivos, sem salto, de plástico, oferecidos por um fabricante. Outros sapatos são sociais, com salto, de couro, de outro fabricante. Fogão com quatro ou seis queimadores, acendimento automático, com ou sem grelha, de um ou de outro fabricante. Alguns produtos precisam ser acondicionados em caixas, por exemplo, para não quebrarem; outros, não.

Quando você vai ao mercado comprar leite, não encontra lá uma vaca esperando para ser ordenhada. Você escolhe uma caixa ou uma garrafa, entre tantas expostas nas prateleiras, mas retorna com o leite.

Qualquer que seja o tipo de produto, ele não pode ser olhado apenas no seu todo. Deve, isto sim, ser examinado também nas partes que o compõem. O conjunto de componentes do produto é conhecido como "composto do produto", que engloba os atributos do produto, sua embalagem, design e marca, além dos serviços de apoio ao produto, como a assistência técnica e a garantia.

Atributos

Atributos são as características do produto que, quando interpretadas em conjunto, costuma-se chamar de "qualidade do produto", tais como: degelo automático, economia de energia, durabilidade e tamanho da geladeira, entre outras. Muitas vezes, um atributo contribui para diferenciar o produto dos seus concorrentes. É quando o atributo faz o consumidor perceber o produto como melhor, com mais qualidade ou mais benefícios. O quadro 2 mostra um exemplo da relação entre atributos e benefícios. Você verá que diferentes atributos podem remeter a diversas circunstâncias e culminar com valores percebidos pelos consumidores.

Quadro 2

Relações Produto e Consumidor na Cadeia de Atributos, Consequências e Valores

Consumidor	Produto: raquete de tênis
Atributos concretos do produto (cor, tamanho, peso etc.).	Raquete leve.
Atributos abstratos do produto (luxo, beleza, estilo).	Raquete moderna e eficiente.
Consequências funcionais para o consumidor (aumenta o vigor, retarda a velhice).	Jogar bem, bater forte na bola.
Consequências psicossociais para o consumidor (sentir-se forte, elevar autoestima).	Melhorar posição, ser admirado.
Valores instrumentais do consumidor (capacidade, coragem, determinação).	Querer ser o vencedor.
Valores terminais do consumidor (segurança, amizade, reconhecimento).	Sensação de realização e prazer.

Fonte: Adaptado de Lambin (apud Urdan e Urdan, 2006:49).

Embalagem

A embalagem tem na proteção ao produto a função mais percebida pelo público em geral. Entretanto, no âmbito da gestão, o sentido dessa proteção é mais amplo. Ela transcorre desde a produção, passando pela distribuição do produto, seu armazenamento e exposição no ponto de venda, preservando-o ao longo de sua vida útil. Muitas vezes, para cumprir a função de proteção, desenvolver uma embalagem pode se tornar muito complexo.

Além da proteção, a embalagem ajuda o profissional de marketing de muitas outras formas. Favorece o manuseio e a portabilidade do produto, facilita sua exposição no ponto de venda, chama a atenção e desperta o interesse do consumidor, distingue o produto dos concorrentes, entre outras possibilidades.

Design

Palavra sem correspondência satisfatória no português, significa, segundo Ferreira (2010), conceber um projeto e o produto desse projeto. É um campo amplo de atuação, abrangendo o mundo das artes, do entretenimento, do urbanismo, assim como de produtos e embalagens. O bom design de um produto abre possibilidades ao gestor de marketing, entregando-lhe alternativas para valorizar o produto e a marca.

Recentemente a Brastemp alterou a posição da parte refrigeração e a parte freezer na geladeira, fazendo uma inversão: o freezer (usado com menor frequência) passou a ocupar a parte inferior e a refrigeração (de maior uso) ocupou o lugar superior, que era do freezer. Na indústria de construção, os puxadores de portas ganharam, nos modelos redondos, ranhuras para gerar atrito e facilitar o manuseio ao abrir a porta.

Crawford (1997) salienta que o design gera impactos desde a fabricação até o descarte do produto, na medida em que leva à economia de tempo e redução do custo de fabricação, aumenta a qualidade do produto e facilita a desmontagem e a reciclagem dos materiais. Favorece ainda a instalação, a manutenção e os reparos dos produtos, torna-os mais fáceis de usar e ajuda a explicar como funcionam. Novamente, gera ganho de tempo e redução de custos nessas atividades.

Marca

Sobre a marca, trataremos logo depois dos produtos intangíveis, uma vez que esse componente se presta a ambos os tipos de produtos, tangíveis e intangíveis.

Outras perspectivas pelas quais se pode ver um produto

Se você, leitor, pensa que já lhe mostramos todas as formas de considerar um produto, está enganado; ele pode ainda ser visto de outras perspectivas. Veja: alguns produtos duram muito tempo anos ou talvez décadas. É muito provável que você, leitor, conheça alguém que durma na mesma cama há 15 anos ou mais. Acertamos? No entanto, outros produtos acabam-se ao serem usados: a pizza do último jantar ou o sabonete que terminou no último banho. Pois é, isso nos diz que prestar atenção na periodicidade de uso do produto e na forma como o consumidor se orienta nos procedimentos de compra pode ser de muita utilidade para o gestor de marketing. Veja como Urdan e Urdan (2006) classificam os produtos em função da sua periodicidade de uso:

- duráveis: duram mais e os preços são altos (móveis, televisão);
- consumíveis: terminam com o uso e são comprados com frequência (sorvete, chocolate);
- descartáveis: usados por pouco tempo e depois jogados fora (barbeador plástico, fraldas infantis);
- de coleção: que detêm o apreço do consumidor (selos, camisas de clubes).

Do ponto de vista da orientação do consumidor para a compra, os mesmos autores classificam os produtos assim:

- de conveniência: produto de compra frequente, barato, venda atrelada ao preço e de farta distribuição (pasta de dentes, caixa de fósforo);
- de preferência: confiança e preferência pela marca; por isso não exigem grande esforço de busca pela compra (refrigerante, roupa);

- de comparação: a compra só acontece depois de muita busca de informação e comparação (carro, casa, móveis);
- de especialidade: elevada preferência pela marca, dedicação e grande esforço de compra; envolve risco na decisão, baixa frequência de compra (joias, iates, roupas sofisticadas, obras de arte).

Ainda há mais para se saber sobre um produto. Mentalize a empresa Unilever. Ela fabrica e comercializa muito mais do que um só produto e, para facilitar a gestão de tantos itens, os produtos são agrupados em linhas obedecendo a certos critérios. Por exemplo, formação de linhas em função da categoria do produto (alimentos, limpeza doméstica, higiene pessoal, sorvete); da função dos produtos (higiene bucal, higiene capilar, higiene corporal), ou em relação ao público-alvo (crianças, adultos, diabéticos etc.).

Produtos intangíveis

Já nos referimos aos produtos intangíveis antes e dissemos que eles são fundamentalmente abstratos e tratados simplesmente como serviços. Para Kotler (1998:455), serviço é toda atividade ou benefício, essencialmente intangível, que uma parte pode oferecer à outra e que não resulte na posse do bem. Assistir ao clássico Fla x Flu, cortar o cabelo, viajar de ônibus ou avião e hospedar-se em um hotel são todos exemplos de serviços. Você deve observar que o comprador do serviço apenas usufrui dos seus benefícios. O hóspede do hotel não leva a cama com ele ao sair; o passageiro, ao chegar ao destino, abandona o ônibus. Mas deu para perceber, também, que é comum que a prestação de um serviço esteja ligada a um bem físico: viagem com avião, corte de cabelo com tesoura, conserto da geladeira com ferramentas.

Os serviços vêm ocupando posições cada vez mais relevantes na composição do produto interno bruto (PIB) brasileiro. Segundo o Instituto Brasileiro de Geografia e Estatística (IBGE), de 52% de participação em 2003, passaram para 66% do PIB em 2009. São serviços ligados à administração pública, aluguéis de imóveis, transportes, comércio, comunicações, instituições financeiras e serviços às famílias.

Os serviços são um desafio à parte para os gestores de marketing. Eles têm características peculiares que os diferenciam dos bens físicos. Suas principais características são: intangibilidade, inseparabilidade, perecibilidade e variabilidade. Vejamos:

- intangibilidade — foca o sentido abstrato do bem. Só se observa e avalia o resultado depois de terminado o serviço, que acaba no momento que termina a prestação dele, mesmo que seus efeitos sejam duradouros. Para o comprador, é difícil saber se o resultado será satisfatório a menos que o experimente (que o compre), o que significa que o risco na compra está sempre presente. Por exemplo, em uma cirurgia plástica facial o risco é alto: pode frustrar a expectativa do comprador e não ter possibilidade de reversão;
- perecibilidade (no sentido de que não há como estocar os serviços) — a produção dos serviços obedece à demanda real, em tempo único. A poltrona vazia (não vendida) de um ônibus que parte não pode ser armazenada; ela se torna ociosa. Uma das formas de minimizar a ociosidade é o uso da terceirização, isto é, trabalhar com o justo e necessário para atendimento da demanda mínima ou normal e, nos momentos de pico de demanda, utilizar pessoal e equipa-

mentos contratados de terceiros. São os ônibus extras que aumentam as frotas para atender aos feriados prolongados e às festas de final de ano. Quando há descompasso nessa adequação, os consumidores se tornam insatisfeitos e a imagem da marca sofre desgaste. É o caso dos *overbookings* nas empresas aéreas;

- inseparabilidade — a produção e consumo dos serviços ocorrem ao mesmo tempo, diferentemente dos bens físicos. Os serviços são primeiramente vendidos e, posteriormente, produzidos e consumidos simultaneamente. Não há como separar o prestador do próprio serviço: o motorista, da maneira como conduz o veículo; o cirurgião, da operação realizada; o pedreiro, da parede levantada. Além disso, é frequente a interação dos funcionários com os clientes, que geralmente acompanham a produção do serviço. Daí resulta, também, na empresa prestadora do serviço, a necessidade de integração entre o marketing e outras áreas, como produção e recursos humanos. O funcionário é visto ao mesmo tempo como técnico, porta-voz e vendedor da imagem da empresa;
- variabilidade — a qualidade do serviço pode variar de cliente a cliente, de tempos em tempos e de funcionário a funcionário. Quando a produção do serviço envolve diversos funcionários, aumenta a possibilidade de comportamentos inadequados. Podem ocorrer conflitos entre os componentes da equipe, comprometendo o resultado esperado. É comum encontrar clientes insatisfeitos na compra de serviços de reformas residenciais: bombeiros, pedreiros, pintores, eletricistas podem uns atrapalhar o desempenho dos outros, retardando o prazo de entrega e comprometendo a qualidade.

Agora você, leitor, já pode perceber que a empresa prestadora de serviços deve estar sempre sintonizada com essas quatro características. É, sim, um trabalho árduo, mas, se perdidas de vista essas características, a piora é sensível. Não se esqueça: ao comprar serviços, o cliente passa por experiências que se sucedem, construindo um aprendizado. Você se lembra da perecibilidade? Pois é, a chance é única: acertar da primeira vez, porque a segunda provavelmente não existirá. E o pior é que o cliente fugirá de você, fazendo propaganda boca a boca contra sua empresa.

Veja agora, no quadro 3, algumas diferenças típicas entre produtos tangíveis e intangíveis.

Quadro 3
Diferenças Entre Bens e Serviços

Produtos tangíveis (bens)	Produtos intangíveis (serviços)
Produção precede consumo.	Produção e consumo simultâneos.
Produção e consumo ocorrem em locais diferentes.	Produção e consumo ocorrem no mesmo local.
Com a venda, a propriedade do bem é transferida.	Não há transferência de propriedade com a venda, no geral.
Podem ser revendidos.	Não podem ser revendidos.
Podem ser estocados.	Não há como estocar.
Podem ser transportados.	Não podem ser transportados.

Fonte: Adaptado de Norman (apud Urdan e Urdan, 2006:101).

Marca

Na literatura disponível, é quase uma unanimidade a maneira como os autores definem a marca, com mínimas variações. Kotler (1998:195), por exemplo, diz que:

> Marca é um nome, termo, signo, símbolo ou design, ou uma combinação destes elementos, para identificar os produtos ou serviços de um vendedor ou grupo de vendedores e diferenciá-los dos seus concorrentes.

Uma parte desses elementos é verbal, composta por letras: o nome da marca. Outra parte, não verbal, é o desenho, representação simbólica: a logomarca. Certas logomarcas são tão famosas que até mesmo uma pessoa analfabeta consegue reconhecê-las. São exemplos: a logomarca do Bradesco, do banco Itaú, da Volkswagen.

A marca é, sim, aquilo que reza sua definição, mas desempenha várias funções: facilita a identificação dos produtos, diferencia o produto dos seus concorrentes, protege o produto ou a empresa de falsificações ou imitações, facilita a criação de conexões com o consumidor, entre outras.

À medida que o consumidor desenvolve alguma experiência com uma marca, ele estabelece conceitos que resultam na imagem da marca. Urdan e Urdan (2006) dizem que na imagem da marca ficam aprisionados atributos sobre a empresa (dona da marca): inovadora, ética, ambientalmente responsável etc.; sobre os produtos: de qualidade, custa caro, de uso familiar etc.; e ainda sobre o usuário típico: idosos, aventureiros, adolescentes etc. Essa forma de ver a marca permite ao profissional de marketing equacionar suas decisões, com consequências no consumo. Isso porque acaba por fornecer fatos sobre os atributos do produto (suave, sabor agradável, não engorda etc.); sobre benefícios funcionais (sempre disponível, bom atendimento etc.); além de expressar emoções: confiança, credibilidade, prestígio.

A atitude do consumidor ao decidir a compra (favorável ou não) depende, entre outros fatores, das propriedades que percebeu na marca e, claro, da renda disponível para o consumo.

A marca é considerada um ativo organizacional, uma vez que alavanca as vendas. Em muitas organizações, o valor da marca supera o valor do imobilizado. O valor da marca é, em última instância, conferido pelo consumidor como resultado da consciência que ele tem da marca, da qualidade que percebe nela, das associações que a ela empresta e da lealdade que a ela dedica.

A marca, portanto, é o elemento conector do consumidor com a empresa ou o produto. É como o fio que abastece sua casa de energia e entrega a você muitas soluções. Só é preciso saber fazer a ligação.

Garantia e assistência técnica

A garantia e a assistência técnica são os serviços de apoio ao produto. Esses elementos do composto do produto contribuem para aumentar seu valor, inspirando confiança e credibilidade. Entretanto, como em muitos casos são parcial ou totalmente terceirizados, geralmente através de pequenas e médias empresas (manutenção autorizada Volkswagen, assistência técnica autorizada Brastemp etc.), podem transformar-se em foco de problemas e desgaste da marca se não forem bem-administrados.

Preço

O preço é o elemento utilizado pela empresa na concretização da troca de seu produto com o consumidor. Representa a equivalência entre os custos envolvidos na produção e a remuneração de todo esforço envolvido até a disponibilização do produto ao mercado.

Do ponto de vista do consumidor, o preço nada mais é do que quanto lhe custa a aquisição do produto, isto é, a quantia em dinheiro de que ele precisa para tê-lo. Simples assim se fosse apenas uma questão puramente racional, matemática.

Preço é a cota de sacrifício, o quanto custa a posse ou uso de um bem ou serviço. Mas muitas vezes o consumidor percebe no produto um total de benefícios que suplanta o que esperava dele. Nesse caso, o consumidor tende a emprestar maior valor ao produto.

Se você notar, leitor, três dos elementos do composto de marketing — produto, praça e promoção — criam soluções e valor para o consumidor, significando custo e desembolso para a empresa. Em contrapartida, o preço configura-se como custo para o consumidor, mas para a empresa significa o retorno do investimento, a recompensa obtida pela relação de troca (Urdan e Urdan, 2006).

Sobre a tomada de decisão sobre a prática de preços, Basta e colaboradores (2009) dizem que há várias formas para fazê-lo. Há empresas que utilizam a técnica do *mark-up*, isto é, definem o preço adicionando aos custos de produção, comercialização, distribuição e divulgação um percentual a título de margem de lucro, considerando ou não a concorrência. Há outras empresas que partem de um preço-teto que o mercado esteja disposto a pagar pelo produto e ajustam seus custos ou lucros para enfrentar a competição. É comum que essa prática seja usada para lançamento de novos produtos, a fim de valorizá-los, e, à medida que atingem escala de produção, iniciam um processo de redução paulatina do preço (é a prática do *skimming*). O preço pode ainda ser fixado em função da percepção do consumidor ao confrontar o produto com a concorrência.

Qualquer que seja a técnica utilizada, uma coisa é certa: com a concorrência cada vez mais forte, a decisão do preço deve contemplar fatores internos e externos à organização. Internamente, é preciso: analisar os custos, a margem de contribuição e a economia de escala de produção. Externamente, analisar a concorrência, a demanda e a sensibilidade do consumidor ao preço.

Praça

Entendemos por praça os canais que as organizações utilizam para distribuir seus produtos no mercado, procurando disponibilizá-los o mais próximo possível do consumidor, de forma que ele tenha suas necessidades atendidas fácil e rapidamente.

Dentre todos os Ps, a distribuição talvez seja o de menor visibilidade para o consumidor. Para a organização, entretanto, a distribuição assume grande importância pelos impactos que acarreta nos outros elementos do composto de marketing e nos custos dos produtos.

A seleção de determinado canal de distribuição repercutirá na política de preços, na quantidade de vendedores e na qualificação da força de vendas. Cuidados à parte, sugerimos considerar o processo evolutivo e o desenvolvimento tecnológico, que rapidamente vêm mudando a interação entre pessoas e coisas e deixando suas marcas inclusive nas formas de venda e distribuição. Antigamente, seus avós compravam carros nas concessionárias. Hoje, você também pode comprar lá o seu carro, mas, se quiser, pode fazê-lo pela internet, confortavelmente instalado em sua casa. E como este há outros tantos exemplos de produtos adquiridos pela internet.

Afinal, quais são esses canais e como relacioná-los aos diferentes tipos de produtos? Algumas organizações vendem seus produtos diretamente ao usuário final. A ausência de intermediário caracteriza como direto o relacionamento entre produtor e consumidor final. Isto é mais frequente em organizações que fabricam produtos industriais ou produtos complexos, como é o caso da Boeing, que vende aviões para a Gol e os entrega diretamente. Os custos são menores e é maior o controle da transação. O que mais encontramos, porém, é a participação de intermediários, que são empresas que retiram o produto dos centros de produção e cumprem a tarefa de disponibilizá-los ao consumidor final.

Há vantagens e desvantagens no uso de intermediários. As vantagens são que o fabricante reduz custos logísticos (estoque, transporte e armazenagem), custos comerciais (negociação, número de vendedores), custos financeiros (riscos de financiamento) e custos com atendimento ao cliente. Além disso, o produto chega a locais muito distantes da fábrica e é vendido em grandes quantidades. As desvantagens estão relacionadas com o distanciamento da empresa em relação ao consumidor final, conflitos com o intermediário e o fato de o poder de barganha (quando existe) estar nas mãos do intermediário.

A figura 5 espelha os diferentes tipos de canais de distribuição.

Figura 5
TIPOS DE CANAIS DE DISTRIBUIÇÃO

Canal direto	Produtor →				Consumidor final
Canal curto	Produtor →			Varejista →	Consumidor final
Canal longo	Produtor →		Atacadista →	Varejista →	Consumidor final
Canal ultralongo	Produtor →	Distribuidor →	Atacadista →	Varejista →	Consumidor final

Fonte: Basta e colaboradores (2006:42).

A seleção do tipo de canal depende basicamente de três fatores, conforme Urdan e Urdan (2006). Tais fatores são: mercado, produto e a própria empresa fabricante.

Quanto ao fator mercado: para os casos de muitos compradores de pequeno e médio portes e grande dispersão geográfica, o canal longo costuma ser mais usado. Já compradores de grandes quantidades são mais bem-atendidos por canal mais curto, por uma questão de custo e menor distanciamento do cliente.

Em relação ao fator produto, para os perecíveis a sugestão é o canal mais curto, ou até mesmo o direto, pois diminui o risco de deterioração do produto, visto que há maior rapidez na distribuição e menor quantidade de operações de carga, descarga e armazenamento. Produtos de baixo preço e produtos padronizados, como os bens de consumo, com distribuição intensiva, ficam bem-atendidos por canais mais longos. Tais canais permitem a redução de viagens/cargas para entrega, aliviando as pressões de caixa para o fabricante, entre outros motivos.

Por último, o fator empresa. Nesse caso, a capacidade financeira da empresa, de um lado, e a quantidade e o sortimento de produtos que ela possui, de outro, lhe permitem o uso do canal mais curto para manter maior proximidade com o cliente e reduzir a dependência de terceiros.

O P de praça, isto é, a distribuição dos produtos, tanto pode ser um fator de alavancagem das vendas como um devorador de recursos e de comprometimento da marca. Compete à organização analisar sua própria estrutura, seus produtos e o mercado-alvo de forma a selecionar a melhor opção de canais, adequando-os à situação.

Promoção

No composto de marketing, o P de promoção assume um sentido mais amplo do que a palavra sugere. Vale lembrar que os produtos que as organizações desenvolvem se destinam à satisfação de necessidades dos clientes. Ora, o mercado só poderá desenvolver algum interesse por estes produtos se, primeiramente, souber de sua existência. Este é o ponto de partida para que alguém venha a transformar-se em cliente. Por isso, as organizações precisam comunicar ao mercado quais produtos disponibilizam, com quais atributos e benefícios, em quais condições de preço e onde podem ser encontrados. Mas em meio a tantos concorrentes, as organizações precisam ainda tornar evidentes, aos potenciais clientes, as razões distintivas do seu produto em relação aos concorrentes. Estamos dizendo: para que o marketing cumpra plenamente sua função na organização, não é suficiente contar com o melhor produto ao melhor preço e colocá-lo disponível da melhor forma; é imprescindível que o público saiba disso, e, para tanto, o marketing lança mão da comunicação.

Várias são as razões que levam a organização a se comunicar com o mercado. Algumas delas são: pouca gente conhece o produto; o público não percebe os benefícios do produto; é baixa a incidência de pessoas que já experimentaram o produto; os consumidores não sabem onde encontrar o produto; é baixa a procura por ofertas especiais do produto; embora a organização seja socialmente responsável, não é reconhecida como tal, entre tantas outras razões. Face a tantas possíveis interpretações desvirtuadas por parte do público-alvo, a organização propõe ações para informar, ensinar, conclamar, apresentar seus produtos etc., além de corrigir os desvios de interpretação por parte do público. É aí que entra em cena a comunicação, com propósitos (objetivos) previamente definidos.

Uma vez definidos os objetivos de comunicação, o próximo passo é a definição da mensagem, do meio para comunicá-la (a mídia) e do público a ser atingido por ela. A importância de definir a questão que origina a necessidade da comunicação é que, a partir daí, são definidos os parâmetros: objetivos, mensagem, mídia e público-alvo, que, se mal identificados, levarão a organização a incorrer em gastos elevados e não produtivos.

Para operacionalizar a comunicação, o marketing utiliza o chamado composto promocional, isto é, propaganda, marketing direto, promoção de vendas, merchandising, relações públicas e venda pessoal. Todos esses componentes da promoção destinam-se, direta ou indiretamente, a vender o produto. Veja a função de cada um dos elementos citados:

- propaganda — é a comunicação impessoal, paga, não interativa, veiculada por canais de terceiros. No geral é de mão única, porque não tem contato direto com o público, embora atualmente a internet já permita, mesmo que rapidamente, que a comunicação seja bilateral;
- marketing direto — é o uso da mala direta, catálogo e telemarketing para atingir o público-alvo onde quer que ele esteja. Usado para atingir alvos determinados, identificados, em busca de resposta imediata. Por isso necessita de uma base de dados atualizada sobre clientes e potenciais clientes;
- promoção de vendas — é a entrega de benefícios adicionais ao cliente no ato da compra. Pode ser direcionada tanto ao consumidor final quanto aos intermediários. Muito usada para alavancar vendas, no escoamento de encalhes, em liquidações ou mesmo para levar o cliente a uma primeira experimentação do produto, por exemplo, as degustações no ponto de venda, a distribuição de amostra grátis etc.;
- relações públicas — usada para criar e manter relações positivas com o público em geral, desde os *stakeholders* até o usuário final, com o intuito de prevenir problemas ou criar empatia, boa vontade por parte do público em relação à organização;
- venda pessoal — enquanto todas as anteriores são ações indiretas de venda, esta é a venda direta, feita pessoalmente por vendedor remunerado pela empresa. A interação com

o cliente é pessoal, ao vivo, para oferecer informações, argumentar em defesa do produto e persuadir o consumidor a comprar.

As atividades que acabamos de apresentar devem ser coordenadas, coerentes e adequadas ao objetivo a ser alcançado. Uma vez selecionado o elemento do composto promocional (ou a combinação deles) para atingir o objetivo fixado, será necessário proceder à escolha do veículo de comunicação (mídia), do qual se compra um espaço ou tempo. A seleção do veículo também deve ser adequada ao perfil do público-alvo da mensagem.

Bem, todos os elementos do composto de marketing foram expostos a você. É com eles que o marketing conta, combinando-os à sua conveniência para enfrentar as ameaças e aproveitar as oportunidades que o ambiente externo à organização apresenta. É esse ambiente externo que vamos analisar a seguir.

Segmentação de mercado

Da mesma forma que, até aqui, tratamos apenas dos recursos de marketing da própria empresa, visitaremos agora o exterior da empresa, isto é, o lado de fora dos seus portões. Vejamos como diagnosticar e compreender este outro lado.

Pense na grande quantidade de produtos que as organizações disponibilizam ao mercado. A cada dia, o consumidor tem à sua disposição uma imensa variedade de ofertas de diferentes fabricantes, permitindo-lhe escolher entre um leque variado de produtos. Mas com milhões de consumidores, com perfis socioeconômico, cultural e demográfico tão distintos, é impossível que uma empresa consiga satisfazer a todos. Melhor é dividir para bem atender. Esse é o propósito da segmentação de mercado, objeto de estudo desta seção.

Segmentar significa dividir um todo em partes, de forma a identificar estratos do todo que contenham, no seu interior, elementos suficientemente homogêneos, mas essencialmente diferentes entre si.

Assim é a segmentação de mercado. Smith, em 1956, enunciou assim o conceito de segmentação de mercado:

> a segmentação de mercado se baseia em desdobramentos do lado da demanda e representa um ajuste racional e mais preciso do produto e do esforço de marketing às exigências do consumidor ou usuário. [Smith apud Rocha e Christensen, 2006:35]

Em outras palavras: é praticamente impossível satisfazer plena e precisamente um contingente cada vez maior e mais diversificado de consumidores. Dessa forma, é melhor agrupá-los em função de certas características, construindo estratos diferentes entre si cujos elementos internos sejam homogêneos.

Na verdade, o conceito de segmentação, mesmo que sem essa denominação, esteve presente desde tempos remotos. No feudalismo, a população era dividida em senhores feudais e servos; nos reinos, em nobreza e súditos e, em ambos os casos, com atividades próprias e semelhantes em cada grupo, mas diferentes entre os grupos. Nas organizações familiares dos séculos XIX e início do século XX, ao chefe da casa, o marido, cabia a responsabilidade de prover o lar e sua autoridade era incontestada pela família. À mulher cabia cuidar da casa, da prole, obedecendo ao marido nas decisões. De qualquer forma, espelhamos dois grupos nesse caso, todos pertencentes a um todo maior, mas divididos por função e autoridade.

Mas muito tempo se passou desde aquelas épocas, e mudanças sociais, culturais e demográficas foram ocorrendo e pintando com outras cores as relações entre pessoas, coisas, animais, divisões de tarefas, normas de conduta, crenças e valores, estilo de vida e tantas outras coisas. Na década de 1960, os adolescentes e jovens divertiam-se nos finais de semana indo ao cinema e depois a bailinhos em clubes familiares ou na casa de amigos, obedecendo à hora marcada para retorno a casa. Os adultos, nesse mesmo período, vestiam-se mais sobriamente, as mulheres que trabalhavam fora eram domésticas, professoras e algumas poucas secretárias que, ao se casarem, deixavam o emprego para cuidar da casa e da família. Namorava-se, noivava-se para só depois de algum tempo casar-se.

Hoje, os jovens "ficam" (você sabe o que isso significa?), casam-se mais tardiamente (quando se casam), a prole fica para mais tarde (quando vem), pois a mulher é uma profissional, atua no mercado, tem pouco tempo disponível, quer aproveitar a vida. Quanta diferença, não é? Bem, essas diferenças levam a comportamentos, necessidades, desejos, percepções e escolhas diferentes. Esse é mais ou menos o mundo atual.

É hora de perguntar novamente: alguém ou alguma empresa é capaz de dar conta de tal heterogeneidade dos milhões de pessoas, só no mercado brasileiro? Parece que o próprio processo evolutivo leva cada vez mais ao aparecimento de novas necessidades e à inauguração de novos estilos de vida, tornando a seleção dos segmentos de mercado uma das mais importantes decisões de marketing.

Entretanto, descobrir quem são os consumidores que percebem em determinado produto aquele algo além do que esperavam envolve o uso de metodologias para operacionalizar o processo de identificá-los e descortinar um ou mais segmentos. Entre outras, esta é uma das atribuições do SIM.

Exigências para segmentação

O marketing usa a segmentação para desenvolver programas direcionados especificamente a cada grupo de consumidores, para melhor atendê-los em termos de produto, preço, distribuição e comunicação.

Nesse sentido, Rocha e Christensen (1999:36) propõem as seguintes condições necessárias à segmentação:

- "É possível atingir diferentes grupos de clientes com programas de marketing diferentes?"
- "Existem informações suficientes e confiáveis sobre o mercado a ser segmentado?"

Há ainda outra questão: como saber se a segmentação será eficaz? Nesse sentido, Basta e colaboradores (2009) recomendam que o segmento deve ser:

- identificável, para reconhecer os clientes com base em fatores predeterminados que expliquem suas diversidades;
- mensurável, para estimar seu tamanho e seu valor como mercado-alvo;
- acessível, para que haja condições físicas (de entrega) ou verbais (de comunicação) de atendê-lo.

Todos os cuidados que citamos para a segmentação certamente requerem uma metodologia para suportar o processo. Embora essa metodologia ajude o profissional de marketing, não o substitui, já que a vivência e o conhecimento que ele tem sobre o mercado são indispensáveis e favorecerão a seleção dos critérios adequados para a segmentação. Mas você deve ter em mente que boa parte dos métodos utilizados requer um conhecimento teórico conceitual e técnicas estatísticas, entre elas, as análises fatorial, de conglomerados e discriminante.

Critérios de segmentação

Não é demais enfatizar que a segmentação do mercado busca isolar fatores (variáveis) que distingam certo grupo de consumidores do mercado como um todo. Essas variáveis referem-se à caracterização dos consumidores através de fatores como idade, sexo, renda, cidade, região, motivos, percepção, composição da cesta de consumo e outros. Daí resulta que podem ser diversos os critérios para segmentar um mercado, quais sejam: demográficos, geográficos, psicológicos, por benefício, pelo comportamento de compra, ou ainda combinações entre eles.

Segmentação geográfica

Trata-se de dividir o mercado por regiões geográficas. É uma forma utilizada por muitas empresas para facilitar a administração de marketing, especialmente das vendas. Verdadeiramente, essa não chega a ser uma segmentação, pois não reflete as diferenças comportamentais dos consumidores. É confortável e conveniente, praticamente pronta, uma vez que segue a organização e fronteiras oficiais dos municípios, estados e países. Contudo, seu uso pode ser adequado quando existir significativa diferença no comportamento dos consumidores das diversas regiões, sugerindo a necessidade de ações de marketing específicas para os segmentos.

Às vezes, um produto pode ter uma aceitação mais forte em algumas regiões do que em outras, por conta de algum dos seus atributos. Um exemplo é a margarina, que levou o fabricante a oferecer o produto com diferente teor de sal nas regiões norte/nordeste e sul/sudeste do Brasil, em função dos hábitos de consumo desse ingrediente nas duas regiões.

Segmentação demográfica

Talvez seja a mais intuitiva das segmentações. Produtos para homens, produtos para mulheres, para jovens, para crianças, para famílias, para pessoas abastadas ou não, enfim, estamos falando em sexo, idade, renda, composição familiar e poderíamos citar muito mais. Podemos facilmente encontrar no IBGE a quantidade de pessoas com as características descritas por regiões, estados, cidades e mesmo bairros das cidades. Daí o uso amplo e intenso desse critério de segmentação.

Há muitos dados demográficos disponíveis de variáveis que favorecem, até intuitivamente, sua utilização, já que podemos relacionar muitos produtos a elas. Homens usam barbeador, mulheres usam batom, crianças querem brinquedos, lares precisam de móveis, idosos precisam de medicamentos e assim por diante.

Segundo o IBGE, o número de pessoas que moram sozinhas passou de 3,2 milhões em 1996 para 6 milhões em 2006, está em 9,6 milhões em 2010 e estima-se que será de 12 milhões em 2016. Veja, leitor: o olhar sobre apenas uma variável, condição de moradia, permite vislumbrar um conjunto de produtos que possivelmente se encaixem nas necessidades dessas pessoas. Serão, por exemplo, produtos práticos, em porções individuais, sejam produtos de alimentação, de higiene, de limpeza ou ainda outros.

E como essas pessoas ocuparão residências também menores, as porções individuais ocuparão menos espaço para armazená-las. Claro que, com só essa variável, podemos apenas fazer, no caso, suposições. Ao completar esse quadro com a renda dos que moram sozinhos, é possível discernir mais claramente os produtos com potencial para atendê-los.

Outro exemplo de segmentação demográfica diz respeito ao contingente de pessoas com 60 anos ou mais, que, em paralelo com o crescimento da esperança de vida ao nascer, apresenta substancial crescimento no Brasil. Empresas de turismo, academias de bairros e a indústria de cosméticos estão se ajustando para atender a esses consumidores. Até mesmo o varejo está se adaptando a esse público mais velho.

Veja agora, na figura 6, a imagem da população brasileira em dois tempos, combinando apenas duas variáveis demográficas: sexo e idade.

Figura 6

Comparação da População Brasileira em 2010 e 2050 por Sexo e Idade

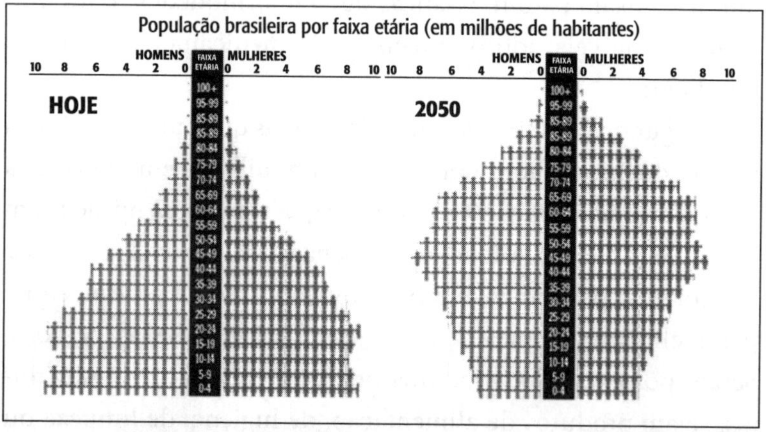

Fonte: IBGE (2010).

Vale a pena conhecer algumas das principais variáveis demográficas, as mais comumente usadas. São elas: sexo, idade, renda, tamanho da família, estado civil, nacionalidade, escolaridade, estágio no ciclo de vida da família (solteiros, recém-casados, casais com filhos pequenos, casais com filhos crescidos em casa, casais mais velhos sem filhos em casa, aposentados).

Segmentação psicográfica

Comentamos antes que a segmentação demográfica talvez seja a mais intuitiva entre todas. Já a segmentação psicográfica, pensamos ser a mais complicada entre todas. Não é simples traçar o perfil psicológico dos consumidores. É um trabalho que exige qualificação e competência, mas bastante válido, pois a relação entre o perfil psicológico dos consumidores e a forma como eles escolhem e compram produtos são indicações poderosas para desenvolver ações de marketing. Mas, para ser contributivo, esse critério de segmentação precisa se ligar a variáveis demográficas, de forma a identificar os consumidores que compõem cada segmento.

Variáveis de estilo de vida e de personalidade são as componentes dessa segmentação. Estilo de vida é o resultado das características incorporadas pelas pessoas que traduzem seu modo cotidiano de viver, isto é, seus interesses, suas opiniões, seus sentimentos e suas atitudes. Personalidade é a individualidade dos traços característicos das pessoas, como exibicionismo, determinação, necessidade de reconhecimento ou de aceitação, agressividade, ordem, entre outras.

Uma pesquisa feita em 2003 pela Symrise Co. — o maior fabricante de aromas e fragrâncias do mundo —, que abrangeu o Brasil e diversos outros países, traçou o perfil de personalidade do homem atual e sua percepção sobre o homem do passado. Os homens de hoje veem os de ontem como detentores de papel claro e definido no grupo social, pessoas simples e pragmáticas, responsáveis, confiáveis, autoritárias, de aparência cuidada com simples higiene corporal. O homem atual traduz-se como questionador; precisa posicionar-se de formas diferentes em relação às mulheres, à família, ao trabalho e ao grupo social (o que ainda o confunde e causa certo desconforto); dedica tempo a cuidar da aparência e é vaidoso.

A Casa Completa, rede de lojas de materiais para construção com sede no interior de São Paulo cuja clientela é predominantemente masculina (88%), identificou quatro segmentos assim delineados:

- os lógicos (buscam vantagens — 30%) — buscam ganho de tempo ou dinheiro, querem números exatos, perguntam se atingem seus objetivos com isto. Qual é a relação custo x benefício? Há alternativa melhor? Como consigo mais eficiência?;
- os criativos (buscam novidades — 12%) — posso destacar-me com isto? É divertido? Estimula minha criatividade? Torna minha vida melhor? É mais emocionante? Isto tem futuro?;
- os estruturados (buscam segurança — 43%) — a qualidade é boa? Dura bastante? Ajuda a economizar? Reduz meus riscos? É fácil e prático? Posso controlar? E a manutenção? Tem segurança? Outras pessoas já usaram?
- os sensíveis (buscam afetividade — 15%) — sinto-me bem com isto? Melhora a convivência? O que os outros dirão? É correto usar? Incomoda a outras pessoas? É bonito, eu gosto? As pessoas ligadas a mim gostarão?

De posse dessas informações, programas específicos de marketing foram criados para melhorar o atendimento nas lojas. A empresa desenvolveu e implantou showrooms em pelo menos uma loja de cada cidade. Treinou os vendedores de balcão não só em termos comportamentais, mas também em parceria com os principais fabricantes das marcas comercializadas sobre atributos, aplicações, durabilidade, manutenção dos seus respectivos produtos e instituiu promoções aos vendedores. O resultado foi um ganho de 8,7% no faturamento, que mudou e manteve esse novo patamar.

Segmentação por benefício

Pedimos a você que pense no seguinte: ao comprar um carro, usualmente uma pessoa pretende satisfazer não apenas a necessidade de transporte, mas, além disso, satisfazer a necessidade de conforto, de economia, de autonomia, necessidades especiais (deficientes físicos) e outras tantas, dependendo de cada pessoa. Não é?

Estamos dizendo, então, que os consumidores podem procurar mais de um benefício no mesmo produto. E o que poderia ser melhor para agrupar consumidores senão juntá-los em função da proximidade e semelhança entre os benefícios que pretendem encontrar no produto? Em outras palavras, quais são os consumidores que compartilham as mesmas necessidades supridas pelo mesmo produto? Ou seja, mais de um benefício é procurado, mas a ordem de importância desses benefícios é distinta. No caso do carro, embora na hora da compra determinado consumidor procure por desempenho, valor de revenda e diversão, por exemplo, o benefício que mais pesa na decisão é o valor de revenda. Essa é a segmentação por benefícios.

Ocorre que o transporte, o preço, o espaço interno disponível, o consumo de combustível e o baixo custo de manutenção, por exemplo, não são os únicos tipos de benefícios esperados de um carro. Esses são os benefícios ditos racionais.

Há aqueles consumidores que, mesmo buscando o transporte que o carro oferece e os outros benefícios racionais, procuram ainda reconhecimento, status, diversão ou prazer, isto é, são movidos por benefícios psicológicos.

Vale dizer que a segmentação por benefícios tem como ponto de partida a identificação das necessidades dos consumidores conjugada à segmentação demográfica, para garantir a identificação dos consumidores e, em consequência, reuni-los em grupos. Esses grupos diferem entre si pela distinção das necessidades que os caracterizam. Para não pedir muito, você, leitor, pode vislumbrar a contribuição desse tipo de segmentação no desenvolvimento das campanhas publicitárias, sem falar nas ações para os demais elementos do marketing? Pense em como essa segmentação pode ajudar no posicionamento do produto.

Segmentação por comportamento de compra

O comportamento de compra reflete os hábitos de compra ou de uso dos produtos. Falamos aqui dos papéis assumidos na aquisição do produto, do momento da compra, da ocasião, da sua frequência, do local de compra, da marca comprada.

Muitas empresas costumam trabalhar com três segmentos de mercado, selecionados em função da intensidade de compra ou de uso do produto. Estes segmentos são conhecidos como *heavy users* (usuários/compradores frequentes), *light users* (usuários/compradores eventuais) e os *mediums users* (usuários/compradores médios). Esse critério é muito usado pelos fabricantes de produtos alimentícios.

Entre outras formas, a Volkswagem divide seus clientes em dois segmentos: os compradores iniciais (o primeiro carro da marca) e os compradores de substituição (troca de um carro por outro). Os clientes substituidores, por sua vez, são divididos em substituidores fiéis ao modelo, fiéis à organização e substituidores de outras marcas. Com isso a empresa monitora o desempenho e a tendência de mercado, a fidelidade à marca, de qual concorrente captura cliente, entre outras possibilidades de controle.

Combinação de critérios de segmentação

Combinar critérios de segmentação pode ser muito útil em algumas situações, como é o caso do mercado organizacional. Nesse mercado, a clientela se comporta de forma diferente, no mínimo porque não se trata de compras pessoais, mas sim de compras para as empresas que representam e, nesse caso, as variáveis a considerar são específicas e peculiares a cada empresa compradora. Compõem o elenco de variáveis empresariais, por exemplo, a organização de compra, a cultura empresarial, a autonomia decisória do agente comprador e outras mais.

No mercado de consumo, a combinação de critérios de segmentação também é útil na medida em que seja necessário aprofundar a natureza do segmento ou torná-lo mais preciso e concentrado (nichos de mercado).

Estratégia de segmentação

Após a identificação dos segmentos, a organização precisa decidir com qual deles trabalhar. Entendemos que a estratégia de segmentação esteja vinculada à própria estratégia de marketing. Veja as estratégias pelas quais as empresas costumam optar:

- especializar-se no produto — a empresa se concentra apenas no produto. Por exemplo, oferece sofás de vários materiais, tamanhos, cores e formas para atender tanto a clientes residenciais quanto de escritórios, hotelaria e indústrias;

- especializar-se no mercado — a empresa procura atender a várias necessidades de um mesmo mercado. É o caso de fabricantes de lençóis, colchas, cobertores, toalhas de mesa e de banho, isto é, soluções completas de cama, mesa e banho destinadas ao mercado residencial;
- concentrar-se em apenas um segmento — uma construtora pode se especializar em atender à demanda por apartamentos pequenos (quarto e sala). Nesse caso, às vantagens nos custos e no retorno do investimento contrapõe-se à vulnerabilidade da empresa aos novos entrantes no mercado ou às instabilidades político-econômicas e sociais impostas pelo ambiente;
- especializar-se seletivamente — refere-se à seleção de segmentos aos quais a empresa oferece produtos específicos, por exemplo, uma clínica para tratamento cardiorrespiratório e vascular, para crianças e idosos;
- atendimento total ao mercado — a empresa oferece extenso elenco de produtos capazes de atender a todos os segmentos. Em geral, são organizações de grande porte, com boa estrutura de distribuição.

Monitoração da segmentação

Por mais eficientes que tenham sido a modelagem da segmentação e a seleção dos segmentos, entendemos ser indispensável o acompanhamento da evolução dos segmentos selecionados, já que:

- com o passar do tempo, os clientes podem mudar seu comportamento ou as condições ambientais podem se alterar, com riscos de comprometer a tendência anteriormente configurada de continuidade do segmento;

- uma boa modelagem e implantação de segmentação podem fazer crer que o segmento permanecerá imutável e levar a sua perpetuação equivocada;
- o próprio uso de qualquer uma das estratégias escolhidas para a segmentação estará, por si só, alterando o padrão do mercado e propiciando aprendizado aos clientes, alterando percepções, desejos, atitudes e mesmo necessidades.

O controle e a avaliação contínuos dos segmentos podem indicar a necessidade de revisão da modelagem da segmentação. Esse controle pode ser feito por meio de sinalizadores como a participação no mercado, a retenção ou fuga de clientes ou os ganhos auferidos.

Neste capítulo mostramos a você, leitor, o elenco de ferramentas que o marketing utiliza para desenvolver suas atividades. Discutimos aspectos do composto do produto, ressaltando a função de cada componente. Mostramos que há nuances na relação preço/consumidor que transcendem a questão do custo. Evidenciamos a importância da distribuição na concretização dos objetivos de marketing, salientando a complexidade na escolha dos canais. Expusemos a necessidade do uso da comunicação, enfatizando a diversidade das mídias atuais e as maneiras de aproveitá-las de forma produtiva.

Em seguida, mostramos a importância da segmentação de mercado para o marketing. Tratamos, ainda, das exigências no processo de segmentação, dos critérios de segmentação e das decisões estratégicas na seleção dos segmentos.

No capítulo seguinte, abordaremos a criação de valor no mercado.

Da mesma forma que, até aqui, tratamos apenas dos recursos de marketing da própria empresa, no próximo capítulo visitaremos o exterior da empresa, isto é, o lado de fora dos seus portões. Como diagnosticar e compreender esse outro lado será o assunto do nosso próximo capítulo.

Exercitando conceitos

1 Faça um diagnóstico para os produtos: uma panela de pressão e um cruzeiro marítimo. Considere todas as possíveis formas de classificação e faça seus comentários.
2 Qual canal de distribuição você indicaria a um produtor de soja e a um fabricante de pasta de dentes?
3 Compare criticamente os seguintes métodos de fixação de preços: *mark-up* e preço percebido pelo consumidor.
4 Em relação ao design, encontre a razão pela qual as maçanetas para portas, antes redondas e lisas, são agora redondas, mas com ranhuras.
5 Por que encontramos embalagens em vidro escuro, plástico, vidro claro e lata para azeites? Quais são as vantagens e razões da diferença entre elas, sendo que todas contêm o mesmo tipo de produto?

3

Criação de valor no mercado e influência da tecnologia nas estratégias de marketing

No capítulo anterior, vimos os elementos do marketing e o conceito de segmentação do mercado.

Neste capítulo, mostraremos inicialmente como se processa, neste panorama atual, a criação de valor de mercado e a evolução de seu conceito. Em seguida, detalharemos a influência da tecnologia nas estratégias de marketing e focaremos a nova forma de relacionamento com o cliente. Apresentaremos a você, leitor, o crescimento do marketing de transação e de relacionamento, o marketing da tecnologia com enfoque nas melhores práticas para trabalhar com mídias sociais.

Criação de valor no mercado

Esta é uma frase normalmente atribuída a Warren Buffet, megainvestidor internacional: "Preço é quanto você paga, valor é o que você recebe".

A tecnologia da informação e suas diversas formas de interligação — via telecomunicações — estão provocando e instigando mudanças no modo de produzir, na organização do trabalho, na forma de administrar, no formato de relacionamento com o mercado, na forma de vender, na forma de distribuir e na forma de controlar as atividades.

A tecnologia da informação está promovendo um mundo diferente e totalmente plano. O conhecimento e a imaginação são mais importantes do que o capital físico. Produtos e serviços estão se tornando apenas artigos em oferta, negociações transformam-se em intercâmbios e o mercado, de um modo geral, tem assumido um formato e uma agilidade nunca vistos até então.

A capacidade de adaptação a estes novos tempos é fundamental em função da grande interpenetração que as empresas estão construindo no relacionamento de negócios entre fornecedores, distribuidores e clientes. Essa dificuldade de identificar as fronteiras entre os agentes econômicos pode ser percebida em diversos momentos, como no desenvolvimento conjunto de novos produtos e ações promocionais.

Segundo Davis e Meyer (1999), são três as vertentes que sustentam e possibilitam essa situação:

- velocidade — tudo está ocorrendo em tempo real. É impressionante como as informações rodam o mundo ao mesmo tempo em que chegam do outro lado da rua. Isto vale para as atividades entre organizações e pessoas. O acesso à dimensão da velocidade tem criado um novo tipo de consumidor, integralmente voltado para o tempo: aquele que espera receber o que deseja na mesma velocidade em que solicita o desejado;
- conectividade — são baixas as possibilidades de isolamento. Por meio da tecnologia da informação, tudo — mas tudo

mesmo — vai se conectando: produtos, pessoas, empresas, países. O isolamento, quando ocorre, é meramente físico, do contato pessoal. A rede permite todo tipo de contato: do profissional ao pessoal, de empresa para empresa, da empresa para o consumidor, do consumidor para o governo, e assim por diante;

- intangibilidade — toda proposta — produto ou serviço — possui uma parte tangível e outra intangível. É definitivo o grande crescimento da parte intangível das propostas. E é por meio dessa parte intangível que as empresas e seus produtos poderão conseguir agregar valor e garantir um posicionamento competitivo no mercado. Afinal, produto como uma tecnologia pode ser adquirido de uma forma até bem fácil pelas pessoas e empresas; o diferente é como ele é disponibilizado para o mercado. É aí que entra a parte intangível, os chamados serviços de apoio.

Duas questões fundamentais também devem ser levadas em consideração nesta análise introdutória à questão da criação de valor para o mercado:

- as necessidades dos clientes vêm antes dos produtos e dos serviços. Não é possível inverter a ordem do processo. O cliente/consumidor, mais do que nunca, está indicando o norte para as empresas. É a partir dele e de suas necessidades e desejos que as ofertas precisam ser concebidas. Definitivamente, ninguém mais está disposto a aceitar o que lhe tentarem empurrar;
- os produtos e serviços só têm valor quando disponíveis e posicionados considerando a perspectiva do cliente. Não adianta pensar que um objeto, enquanto caminha pela

cadeia de suprimentos, já é um produto. Na verdade, ele só será um produto a partir do momento em que cumprir com as promessas nele contidas e seu consumidor estiver usufruindo de suas promessas de benefícios. É o mesmo que dizer que uma Brastemp só é uma Brastemp quando estiver na casa do consumidor gelando os produtos que necessitam ser gelados. Até aquele momento, ela era apenas um objeto branco andando pela fábrica.

Por outro lado, é necessário considerar uma profunda modificação no perfil dos consumidores. Há cada vez mais mulheres trabalhando fora, novas gerações chegam ao mercado de consumo (veja o impacto que a geração Y está causando no mercado de trabalho), as unidades familiares diminuem de tamanho e não é difícil concordar que as coisas hoje são muito, mas muito diferentes do que eram alguns poucos anos atrás.

Hoje existem áreas com necessidades de serviço que, no passado, o trabalho doméstico era mais do suficiente para satisfazer, como refeições, hospedagem, lazer. Essa série de produtos e serviços, que antes era produzida pelas próprias pessoas, agora se constituiu em pródigos mercados para serem explorados pelas empresas.

E a competição desenfreada, leitor, faz com que os executivos precisem melhorar a cada dia seus esforços de marketing — gerenciando-os estrategicamente — para poderem continuar a gerenciar empresas competitivas.

Entregar valor que o cliente reconheça, aprecie e esteja disposto a pagar para receber talvez sejam os três maiores desafios do marketing contemporâneo. Se você quer que o cliente pague por aquilo que sua empresa vende, é preciso aprender a valorizar o tempo que ele gasta, o risco que corre, os *trade offs* que faz e as necessidades que precisa atender quando decide comprar sua oferta em detrimento da oferta do seu concorrente.

Vender valor implica a construção de uma relação de confiança na qual o cliente invariavelmente percebe que está recebendo mais do que lhe foi prometido.

Seguindo algumas regras de ouro, você tem maiores chances de que seu cliente fique sempre satisfeito:

- cumpra suas promessas;
- seja, invariavelmente, honesto;
- nunca prometa mais do que pode cumprir.

Também é muito importante que você, leitor, nunca confunda valor e custo. Na verdade, o valor das ofertas raramente tem a ver com seu preço ou custo. Por exemplo, seu produto pode consumir R$ 5,00 para ser produzido (custo) e você pode oferecê-lo ao mercado por R$ 10,00 (preço). Mas quanto será que ele vale para seu cliente? Essa é uma das mais difíceis perguntas que o profissional de marketing pode tentar responder, pois valor consiste numa avaliação subjetiva, pelo cliente, de um conjunto de benefícios recebidos em troca dos custos incorridos para escolher, adquirir, utilizar e descartar um produto ou serviço oferecido, levando em consideração as ofertas e os preços da concorrência.

Tal definição implica que o valor para o cliente é perceptivo, contextual e multidimensional (Iacobucci, 2001a). Em outras palavras, ele escolhe um produto para compará-lo a outros em termos de benefícios econômicos, técnico-funcionais e psicológicos.

O quadro 4 mostra as características do valor para o cliente e os tipos de benefícios esperados.

Quadro 4

Características do valor e benefícios esperados pelo cliente

Características do valor para o cliente	Benefícios do produto
❑ Perceptivo: varia conforme a percepção do cliente. ❑ Contextual: varia conforme a situação de compra e as alternativas disponíveis. ❑ Multidimensional: os clientes avaliam os benefícios em termos econômicos, técnico-funcionais e psicológicos.	❑ Valor econômico: qualidade/preço; se o cliente considera similar a qualidade de produtos concorrentes, escolhe o mais barato por economia. ❑ Valor funcional: características tangíveis (atributos, design, durabilidade, aplicações). ❑ Valor psicológico: características intangíveis, tais como marca, confiança, reputação, relacionamento, experiência.

Outra forma de chegarmos a uma conclusão semelhante é pensar que existem três categorias de valor: de uso, de troca e de estima.

Pensemos no ar que respiramos. Tem um enorme valor de uso, mas não possui valor de troca (a não ser que nos lembremos dos certificados de carbono, que começam a ser comercializados mundo afora). Já o automóvel, que nos leva e traz todos os dias, além do valor de uso tem, também, valor de troca, pois pode ser comercializado por seu possuidor no momento em que desejar. Já aquela enorme cômoda de jacarandá, que pertencia à fazenda dos nossos avós, talvez não seja lá muito utilizável e dificilmente vá encontrar alguém interessado em comprá-la. Mas seu valor para nós é inestimável, pois serve como conexão com nossas gerações passadas e nos evoca doces lembranças.

Desafios dos novos tempos

Para o profissional de marketing, o conhecimento de técnicas e conceitos mercadológicos não é garantia de sucesso.

O campo de expertise profissional depende do conhecimento de outras ciências, como a psicologia, a sociologia, a economia, entre outras, e, sobretudo, da percepção, adaptabilidade e criatividade humanas. Por essa razão o profissional de marketing precisa ter cultura generalista para gerir o hoje com olhos no futuro.

Assim, o marketing é uma ciência social, uma atividade econômica, um sistema, uma arte e um conjunto de técnicas de coordenação de suas ferramentas (preço é uma delas) com direcionamento para a satisfação de necessidades e desejos por meio de um processo de troca, atendendo aos objetivos da organização.

Diferentes autores têm entendimentos variados sobre o significado da palavra marketing. Mas parece haver certa unanimidade de que foi Peter Drucker (sempre ele) quem primeiro utilizou a expressão. Em seu livro *The Practice of Management*, dizia o saudoso guru austríaco que, em função do crescimento vertiginoso da oferta — oriundo do desenvolvimento tecnológico vivido no pós-guerra —, chegaria o tempo em que as empresas passariam a ter de perguntar o que o consumidor desejaria consumir, em vez de se limitarem a oferecer seus produtos e serviços.

Passados mais de 50 anos, verificamos que a predição de Drucker se transformou em realidade, e as organizações que pretendem sobreviver precisam cada vez mais fabricar o que vendem em vez de tentarem vender o que fabricam.

Quando falamos em ajuste de nível, precisamos ter em mente que excesso de demanda é tão prejudicial quanto sua falta. E qual fator deve definir o tamanho da demanda desejada por uma empresa? Indiscutivelmente deve ser sua capacidade nominal de produção.

Imaginemos uma lanchonete capaz de preparar e servir 50 pizzas por hora. Qual deve ser a demanda ideal para ela? É claro algo em torno de 45 a 48 pizzas, uma vez que nenhuma empresa consegue produzir no nível máximo indefinidamente.

Quando falamos do caráter da demanda, estamos nos referindo à aderência dos consumidores às características de segmentação estabelecidas pela empresa. Todos conhecem a história do cigarro Marlboro, que, ao ser lançado no mercado americano, buscava atingir o público feminino. O caráter da demanda atraída nada tinha a ver com os objetivos iniciais. Muitas pessoas identificam o automóvel Tucson, da coreana Hyundai, como um carro feminino, embora não seja necessariamente esse o público-alvo que a montadora pretendia atingir.

Casos ainda mais graves podem ser detectados quando o produto passa a atrair grupos ou minorias marginais. Alguns grupos musicais não conseguiram espaço televisivo para apresentar seus trabalhos por terem sido identificados como defensores da maconha. Há ainda automóveis que se tornaram popularmente conhecidos no Rio de Janeiro dos anos 1970 como carros de contraventores do jogo do bicho.

O último nível de ajuste diz respeito ao tempo da demanda. De que adianta um produto ser procurado ainda antes de ser fabricado? Nesse caso, quem se beneficiará da demanda serão os concorrentes que tiverem estoques e puderem atender ao mercado.

Quando falamos do setor moda, por exemplo, fica mais fácil verificar que o descompasso entre as estações, existente entre os hemisférios norte e sul, faz com que nós nos sintamos sempre utilizando produtos que fizeram sucesso na estação passada. Eventos como o Rio e o São Paulo Fashion Week servem exatamente para tentar sincronizar o público com as tendências e, assim, garantir a venda dos produtos de grife.

Essa permanente tentativa de ajustar nível, caráter e tempo da demanda tem sido, cada vez mais, direcionada para o esforço de criação ou agregação de valor.

Evolução para o conceito de criação de valor

Normalmente, o que encontramos como ponto inicial desse estudo é o tradicional marketing externo. Aquele em que a empresa se baseia para planejar o produto, determinar o preço, provocar a demanda e, finalmente, atender à demanda. Essas quatro atividades já foram previamente mencionadas e, como você sabe, são conhecidas como os quatro Ps de marketing ou marketing mix: produto, preço, promoção (no sentido de comunicação) e praça (no sentido de local de consumo, no sentido de distribuição).

Nas modernas definições da abrangência do marketing, principalmente incentivadas pelo maior estudo do específico marketing de serviços ou até mesmo do marketing de relacionamento, vamos encontrar a necessidade de incluir mais dois tipos de marketing: um voltado ao tratamento interno da empresa, para treinar e motivar os funcionários, conhecido como marketing interno ou endomarketing; e um segundo, voltado ao tratamento da ligação e contato entre funcionários da empresa e seus clientes, denominado marketing interativo, que trata fundamentalmente das habilidades de bem-atender aos clientes.

Considerando que serviços, na sua grande maioria, são executados por pessoas, e que pessoas fazem parte de uma empresa, o conceito dos três tipos de marketing é bastante adequado a ser considerado dentro do marketing de serviços.

A seguir, apresentaremos, a você, leitor, os aspectos que envolvem o relacionamento com o cliente.

Uma nova forma de se relacionar com o cliente

O ciclo de vida do relacionamento com o cliente é a representação das fases que este último percorre quando estabelece ou pretende estabelecer um relacionamento com uma empresa ou serviço.

Clientes potenciais, clientes ou grupos de clientes não estão sempre na mesma fase do ciclo. Saber em que ponto do ciclo de vida do relacionamento com o cliente se situa cada um dos vários grupos de clientes-alvo é necessário para determinar que recursos e atividades de marketing devem ser aplicados em cada uma dessas fases. Para cada estágio, portanto, deverá haver objetivos e estratégias diferentes, necessários para imprimir eficácia às atividades de marketing.

O ciclo é composto de estágio inicial, processo de compra e processo de consumo.

Figura 7

ESTÁGIOS DO CICLO DE VIDA DO RELACIONAMENTO COM CLIENTES E RESPECTIVOS OBJETIVOS E FUNÇÕES DE MARKETING

Estágio	Objetivo do marketing	Função do marketing
Estágio Inicial	Criar interesse na empresa e em seus serviços.	A tradicional função de marketing.
Processo de compras	Transformar o interesse geral em vendas* (primeira compra).	A função tradicional do marketing e a função interativa do marketing.
Processo de consumo	Criar vendas repetidas, vendas cruzadas e relacionamentos duradouros com cliente.**	A função interativa do marketing.

* Fazendo promessas. ** Cumprindo as promessas.

No estágio inicial, o cliente está procurando informações sobre o serviço ou até mesmo não tem decisão sobre o serviço a ser buscado. O objetivo de marketing é criar, portanto, o interesse pela empresa e seus serviços.

No processo de compra, o interesse geral deve se voltar ao processo de venda. O cliente potencial deve considerar a hipótese de aceitar as promessas relativas a uma oferta de solução futura de seu problema pela empresa.

A figura 7 exemplifica o conceito.

Na próxima seção, mostraremos a você, leitor, importantes itens relacionados ao processo de compra/venda, como promessa e satisfação, em interface com o cliente.

Promessas x satisfação

Ao estabelecer e manter relacionamentos com o cliente, a empresa vendedora concede uma série de promessas com relação, por exemplo, à mercadoria, serviço ou sistema de bens e serviços, solução financeira, administração de materiais ou de bens, transferência de informações, contatos sociais e uma gama de comprometimentos futuros.

O comprador, por outro lado, concede um conjunto de promessas com relação ao seu comprometimento nessa relação, a começar pelo próprio pagamento monetário requerido basicamente em todas as transações.

O relacionamento, então, é composto de trocas de promessas em que ambos assumem compromissos sobre seu comportamento agora e no futuro. A base para o bom relacionamento parte do princípio de que haja uma satisfação mútua em relação às expectativas durante a fase das promessas e o cumprimento dessas mesmas promessas na fase de uso do produto ou serviço.

As vantagens no direcionamento da organização para a satisfação dos clientes, podem ser medidas principalmente pelo (a):

- aquisição de conhecimento competitivo duradouro em relação à concorrência;
- garantia de sobrevivência, bem como o estabelecimento de condições favoráveis ao crescimento e desenvolvimento da empresa;
- fidelidade dos clientes (suas expectativas e necessidades se tornam alvos dos esforços da organização);
- encantamento do cliente por inovações nos produtos e serviços que atendam às suas expectativas e necessidades até então desconhecidas até por ele próprio; e
- aumento da lucratividade, das vendas, do mercado, bem como redução dos custos da não qualidade (retrabalho, por exemplo).

Para obter a verdadeira satisfação do cliente, não há dúvidas, as empresas precisam compreender as expectativas deles com relação aos produtos e serviços, indo, inclusive, ao limite de saber até onde essas expectativas estão sendo satisfeitas ou não. Devem trabalhar sistematicamente para:

- remover barreiras organizacionais que levam a um fraco atendimento ao cliente;
- encarar as medidas de serviço, de qualidade desse serviço e de melhoria com um processo contínuo; implementar sistemas com a finalidade de lidar eficazmente com as transações não rotineiras, as situações não esperadas; e, por último,
- certificar-se de que os funcionários tenham um excelente serviço interno, a fim de que eles possam fornecer um excelente serviço externo.

O ciclo de serviço

Cada vez que o cliente mantém contato com a empresa e com seus funcionários, tal momento é classicamente denominado "hora da verdade". Durante o processo de relacionamento do cliente com a empresa, ocorre uma sucessão enorme de momentos da verdade, os quais devem ser tratados com muito cuidado e atenção, porque constroem a imagem do serviço. A percepção do cliente, em outras palavras, é formada em cada um dos momentos da verdade.

O ciclo do serviço nada mais é do que o mapeamento de todos os momentos da verdade. Veja o caso a seguir (figura 8), de um atendimento a um cliente de lojas de autosserviço, como um supermercado.

Figura 8
CICLO DE SERVIÇO DE UM SUPERMERCADO

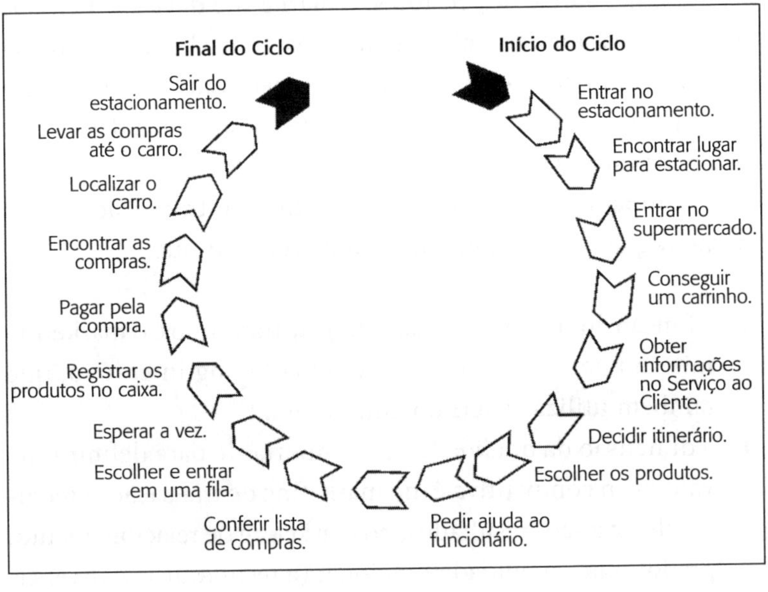

Fonte: Gianesi e Correa (1996:87).

Nesse ciclo, duas partes são muito importantes: o início e o fim. O início do ciclo, porque é o momento no qual é criada a primeira imagem, sendo praticamente definido se o cliente prosseguirá no processo de compra. O fim, pois nessa etapa é criada a imagem que vai ficar com quem recebeu o serviço e determinar se o cliente voltará a comprar novamente no mesmo estabelecimento.

Marketing de transação versus marketing de relacionamento

Pelo que vimos até agora, leitor, a criação de valor para o mercado gira em torno dos diversos relacionamentos com o cliente, e os objetivos das partes envolvidas se encontram por meio de vários tipos de troca.

Então, o desafio da construção do relacionamento com o cliente é a tarefa mais importante dos gestores de empresa nos dias de hoje. Para esses gestores, o marketing deve estabelecer, manter e ressaltar os relacionamentos com clientes e outros parceiros (normalmente — mas não necessariamente — no longo prazo) com lucro, de forma que os objetivos das partes envolvidas sejam atendidos.

Comparando-se, ainda, o marketing de transação com o marketing de relacionamento, vamos verificar que:

- a função dominante no marketing de transação é o marketing mix; no de relacionamento, é o marketing interativo, que também utiliza as ferramentas do mix;
- a dimensão da qualidade mais importante para definir uma vantagem competitiva é, no marketing de transação, a técnica, aliada a seus resultados; no marketing de relacionamento, predomina a qualidade funcional (a resultante das diversas interações entre pessoas), relacionada a processos;

- os clientes, no marketing de transação, são muito mais sensíveis a preço do que no marketing de relacionamento;
- no marketing de transação, é baixa a interface com outras áreas, sendo esta, na verdade, sem importância estratégica para o negócio. Ao contrário, no marketing de relacionamento, a interface com outras áreas é uma necessidade estratégica.

Não basta criar valor, é preciso mantê-lo sempre

Se o relacionamento assume uma importância estratégica tão grande, não é de se espantar que tenha surgido uma área dentro do marketing para gerenciá-lo. A área de gestão do relacionamento com o cliente (ou *customer relationship management* — CRM) é a que tem sobre seus ombros essa responsabilidade. Em outras palavras, CRM é a infraestrutura para se implementar a filosofia do relacionamento individualizado com os clientes.

Segundo o Gartner Group:

> CRM é uma estratégia de negócio voltada ao entendimento e antecipação das necessidades dos clientes atuais e potenciais de uma empresa. Do ponto de vista tecnológico CRM envolve capturar os dados do cliente ao longo de toda a empresa, consolidar todos os dados capturados interna e externamente em um banco de dados central, analisar os dados consolidados, distribuir os resultados dessa análise aos vários pontos de contato com o cliente e usar essa informação ao interagir com o cliente através de qualquer ponto de contado com a empresa. [Gartner Group apud Peppers e Rogers, 2000a:35]

O antigo paradigma — um sistema de produção em massa, mídia de massa e marketing de massa — está sendo substituído por um paradigma inteiramente novo: um sistema econômico individualizado.

A adaptação contínua da empresa às mudanças cada vez mais rápidas do mercado exige um esforço considerável em planejamento, bem como uma velocidade crescente na tomada de decisão.

Os métodos tradicionais de atrair e reter clientes estão se tornando ineficazes rapidamente. O aumento da competição em áreas antes monopolizadas, a globalização da economia e a popularização da web estão mudando o cenário de negócios em todo o mundo. As empresas têm de mudar a forma de fazer negócios para manter sua competitividade em um mercado cada vez mais agressivo. O CRM é a resposta das organizações a essa mudança: sair do mundo orientado a produtos e entrar no mundo orientado a clientes.

Os clientes têm hoje uma quantidade cada vez maior de opções de produtos de alta qualidade, e a tecnologia evoluiu a tal ponto que sua banalização se dá cada vez mais rapidamente. O grande avanço tecnológico de hoje é totalmente obsoleto e previsível amanhã. Coisas óbvias hoje foram revoluções tecnológicas no passado.

Você pode observar, leitor, que inúmeros produtos de sucesso são rapidamente copiados pela concorrência, num tempo cada vez menor. Para isso, às vezes basta ter dinheiro. Em outras situações, é preciso ter a tecnologia certa. Mas pensemos em duas questões interessantes. A proposta de serviços do ClubMed encantou a muitos durante anos. Hoje tem sido copiada pela maioria dos resorts caribenhos. A Microsoft tem feito sucessivos investimentos para rivalizar à altura com os produtos da Apple, embora tenha um modelo de negócios diferente. A verdade é que há muito dinheiro especulativo disponível no mercado, e os diferenciais tecnológicos são cada vez mais fáceis de serem copiados. Isso faz com que as vantagens competitivas sejam cada vez mais efêmeras.

A base do marketing individualizado é a participação nos negócios do cliente, e não apenas a participação de mercado.

Em vez de vender o máximo possível de produtos a quem quer que os compre, a meta do marketing um a um é vender o máximo possível de produtos por vez a cada cliente durante toda a sua vida ativa como cliente. Em essência, o marketing 1:1 simplesmente trata diferentes clientes de forma diferente. Pense em como funciona a Amazon ou a Apple Store. Essas empresas buscam identificar o perfil de seus clientes e oferecer a eles algo que esteja o mais próximo possível desse perfil. Quando você compra um livro na Amazon, quase que imediatamente passa a receber ofertas de outros livros comprados por pessoas com perfil semelhante ao seu. Quando adquire um *gadget* na Apple Store, começa a receber oferta de outros que pessoas como você compraram. Isso é marketing 1:1.

Com a estratégia de CRM, podem-se predeterminar os eventos de relacionamento mais relevantes, como identificadores de oportunidades e ameaças, e disparar em tempo real uma mensagem que é muito mais relevante para um grupo de clientes, ocorrendo uma identificação positiva imediata, já que existe a condição estabelecida para o relacionamento. Quanto mais pertinente a mensagem, maior é a possibilidade de resposta e de enriquecer o relacionamento.

Com o CRM, pode-se personalizar a mensagem, que, além de gerar uma identificação positiva imediata, irá aumentar a percepção de proximidade do relacionamento pela experiência de marca positiva. Com certeza você já recebeu correspondências altamente personalizadas na sua caixa de correios ou caixa postal eletrônica. Elas continham seu nome, exploravam suas preferências e buscavam seduzi-lo para uma oferta verdadeiramente irresistível. Novamente afirmamos que essa é a essência do marketing.

Para isso, é preciso conhecer o valor estratégico do cliente, que veremos, leitor, logo a seguir.

O valor estratégico do cliente

O valor estratégico do cliente é o valor potencial, no longo prazo, de um cliente para a empresa, caso esta trabalhe ao máximo o potencial desse cliente. A realização desse potencial pode ocorrer quando:

- a empresa conquista uma participação maior que a da concorrência nos negócios do cliente;
- o cliente aumenta naturalmente o volume de negócios; ou
- o cliente torna-se mais lucrativo por ter mudado seu comportamento em algum aspecto que favoreça a empresa.

As pessoas são muito mais singulares do que os produtos. Alguns consumidores valem mais do que outros. Há clientes que geram outros clientes. Alguns clientes têm valor negativo para a empresa. Cada cliente merece uma forma de tratamento diferente.

O futuro da diferenciação do cliente individual repousa sobre produtos, serviços e relacionamentos totalmente personalizados. Para facilitar esse processo de diferenciação, a empresa pode classificar seus clientes em diferentes categorias:

- CMVs: clientes mais valiosos — representam a essência dos negócios. O objetivo é retê-los;
- CMPs: clientes de maior potencial — são aqueles com maior potencial não realizado. Esses clientes poderiam ser mais lucrativos. O objetivo é desenvolvê-los;
- BZs: clientes *below* zero — são aqueles que jamais gerarão lucro suficiente para justificar as despesas envolvidas em

seu atendimento. O objetivo da empresa é evitar que eles se tornem consumidores frequentes, pois sua lucratividade é negativa.

Companhias aéreas são um bom exemplo do uso desse conceito. Quando o programa Smiles classifica os clientes em categorias, como diamante, ouro e prata, na verdade está identificando aqueles que são mais valiosos (diamante e ouro), os de maior potencial (prata) e os *below* zero, que não recebem qualquer tratamento diferenciado por parte da empresa. O critério utilizado pela empresa para essa classificação é simplesmente a frequência de voo. Que tipo de critérios sua empresa poderia utilizar para distinguir seus diferentes clientes?

Como a tecnologia coloca a informação facilmente acessível, os concorrentes conseguem copiar uma inovação ainda mais rapidamente. O CRM tem a ver com a captura, processamento, análise e distribuição de dados (o que ocorre em todos os tipos de sistemas), mas com total preocupação com o cliente (o que não ocorre nos sistemas tradicionais). O cliente é agora o centro de nosso modelo de dados. Isso definitivamente traz implicações sérias.

Nos sistemas e processos que são concebidos à luz do CRM, o cliente é o centro, e todos os relatórios e consultas têm o cliente como porta de entrada.

O valor estratégico do CRM

O valor estratégico do CRM é difícil de medir, mas fica fácil de justificar quando se avaliam os benefícios em potencial, que são:

- aumentar o conhecimento sobre o cliente;

- aumentar a retenção e a fidelidade do cliente pela experiência de marca positiva;
- aperfeiçoar o processo decisório mercadológico e empresarial;
- acionalizar e melhorar o fluxo do pedido, atendimento pós-venda e as vendas por meios alternativos como telemarketing e internet;
- aperfeiçoar serviços e produtos para clientes por meio de customização em massa;
- diferenciar seus serviços e produtos dos concorrentes, entregando exatamente o que o cliente deseja;
- estabelecer uma comunicação próxima e sistemática com os clientes atuais e potenciais, como parte de marketing mix;
- diminuir os custos de venda e atendimento pós-venda do próprio pedido.

E esses benefícios possibilitam maior garantia para sobreviver na era do cliente nunca satisfeito.

Sobrevivendo na era do cliente nunca satisfeito

Se utilizarmos o raciocínio convencional de marketing, concluiremos que é praticamente impossível atender às demandas específicas de cada um dos nossos clientes. Podemos mesmo imaginar que, caso envidemos todos os esforços para fazê-lo, podemos ficar submetidos a uma espécie de tirania do cliente, que ficaria cada vez mais exigente, nunca se satisfazendo com aquilo que oferecemos e querendo sempre mais.

Como você, leitor, pode notar, o conceito de marketing parece condicionar um procedimento mais ou menos padrão para a maioria das empresas. Baseadas em dados obtidos por meio de pesquisas mercadológicas, viabilizam determinada tecnologia que lhes permita oferecer um produto/serviço ao mercado. Aguardam o feedback do cliente a respeito desse produto/serviço e fazem as alterações solicitadas. Aguardam para ver o efeito que as alterações geraram no comportamento de compra do mercado, realizam novas alterações, aguardam mais um pouco para avaliar os resultados, procedem a novas adaptações, aguardam e ficam dando voltas em torno de si mesmas, tal qual Uróboros, a serpente mitológica que morde o próprio rabo. Enquanto essas empresas se esforçam para agradar — a grandes segmentos de mercado num primeiro momento e, depois, aos indivíduos —, o consumidor rapidamente perde a paciência e prefere tentar uma nova opção, oferecida pelo concorrente. Provavelmente esse raciocínio explique com facilidade a acentuada perda de fiéis que a Igreja Católica vivencia no momento.

Por mais que tal realidade possa incomodar, parece que não há como agir de forma diferente, pelo menos no setor de produtos de massa. Será que a Coca-Cola deveria alterar repetidamente seu produto para tentar se ajustar as novas demandas de mercado? Na prestação de serviços, a característica de haver sempre uma interação entre o fornecedor e o cliente permite que o primeiro busque perceber rapidamente as variações nas necessidades e humores dos clientes e tente se adaptar, da melhor maneira possível, ao perfil do cliente que está sendo atendido no momento. Mas isso só é possível em situações nas quais há tempo suficiente de interação para que o prestador de serviços possa perceber e improvisar algumas mudanças (pense no caso do McDonald's como um exemplo de prestador de serviços de fast-food que não pode se adequar às variações de humor da demanda). Mas com produtos o mesmo não acontece. Afinal, as máquinas não são como os seres humanos, e para funcionar dependem de determinados parâmetros que precisam ser preestabelecidos.

Marketing em tempo real: uma nova dimensão na criação de valor

Antes de detalharmos conceito e desafios inerentes à prática do marketing em tempo real, tentaremos demonstrar como sua concepção é totalmente diferente das ideias típicas do marketing de transação, de relacionamento e da customização em massa.

Marketing em tempo real é uma abordagem segundo a qual produtos e serviços personalizados continuamente atualizam a si mesmos por meio do monitoramento das transformações das necessidades e desejos dos consumidores sem que seja necessária a intervenção do pessoal da empresa que os está fornecendo. Na verdade, não é preciso sequer que o consumidor expresse sua vontade de que esses produtos e serviços mudem; eles reconhecem essa vontade por si mesmos e providenciam as alterações necessárias.

Assim, no marketing em tempo real, os profissionais de marketing atendem a seus consumidores:

- com produtos que são customizados para suas necessidades atuais e que possuem capacidade e flexibilidade para se adaptar sozinhos a novas necessidades e preferências dos consumidores;
- interagindo continuamente com o consumidor e, assim, garantindo a satisfação pós-compra sem a necessidade de qualquer intervenção do fornecedor original.

Para tornar o marketing em tempo real economicamente viável, é preciso operar alterações tecnológicas no produto/serviço. Na verdade, é preciso torná-los inteligentes, no sentido de serem capazes de aprender com os próprios clientes. Vários exemplos começam, pouco a pouco, a aparecer. A Ferrari equipou seus carros com diversos itens que se adaptam às características individuais de cada motorista: o sistema de transmissão-freios-tração automaticamente aprende o estilo de quem está dirigindo e se ajusta para oferecer a melhor performance possível. O painel automaticamente se reagrupa para oferecer a cada motorista a melhor visibilidade dos instrumentos. O banco se posiciona de forma tal que ofereça o maior conforto e praticidade possível em função das características físicas do motorista.

Outro exemplo interessante são os processadores de texto e planilhas eletrônicas que se ajustam ao serviço que está sendo realizado, oferecendo, automaticamente alternativas mais adequadas para uma melhor realização das tarefas propostas.

A verdade é que hoje já não nos assusta mais a ideia de ter um computador ou mesmo um televisor que aprendam sobre nossos hábitos e se liguem automaticamente na hora em que começa o nosso programa predileto, aprendendo como preferimos posicionar o controle de volume ou de brilho.

São dois os desafios que o marketing em tempo real impõe aos profissionais da área:

- oferecer produtos ou serviços que sejam simultaneamente customizados e adaptáveis;
- desenvolver mecanismos que permitam frequentemente lembrar aos consumidores qual foi a empresa capaz de lhes oferecer aquele produto, garantindo que, da próxima vez que este consumidor for assaltado por uma necessidade, vá optar por aquele fornecedor para satisfazê-la.

Hoje em dia, tempo e espaço se unem numa única dimensão, exigindo que nos tornemos capazes de aprender com o consumidor no mesmo momento em que estamos lhe vendendo um produto ou prestando um serviço, assegurando sua satisfação imediata — única forma de fidelizá-lo. Para isso temos de abrir mão de técnicas de marketing praticadas até uns poucos anos atrás, mas não mais capazes de responder positivamente à sofisticação das necessidades dos consumidores.

Contudo, o maior desafio ao marketing em tempo real não é de natureza técnica.

A grande dificuldade, que precisará ser enfrentada com determinação pelos profissionais de marketing e de recursos humanos, é garantir que a tecnologia seja suportada por comportamentos e atitudes das pessoas que compõem as organizações. De que adianta ter um produto fantástico, se o cliente é mal atendido? Se não formos capazes de garantir o engajamento das pessoas no permanente esforço de atender/satisfazer/encantar os clientes, simplesmente não conseguiremos conquistar sua preferência.

Apenas para ilustrar um dos diversos paradigmas que precisarão ser revistos pelas organizações para se preparar para o marketing em tempo real, propomos que se analisem três aspectos básicos do relacionamento das empresas com seus empregados: a motivação, os sistemas de recompensa e o ambiente organizacional.

Motivação

Para que esta análise fique consistente, o primeiro passo é tomar conhecimento dos resultados de pesquisas que vêm sendo realizadas sobre o desempenho das pessoas no trabalho, principalmente quanto aos aspectos que dizem respeito à motivação.

Tais pesquisas indicam que o ser humano não é regido por leis exatas e que a existência de motivação para o trabalho se dá pelas mais diferentes razões internas de um indivíduo. As pessoas possuem necessidades diferentes entre si e buscam satisfação de formas diversas. Essas necessidades dizem respeito a suas vivências individuais, conforme apontou Freud. Possuem uma lógica interna própria, e o que podemos observar são suas reações a essas vivências enquanto produtos finais de um processo de longo tempo. Cada pessoa traz então para o convívio com os outros perspectivas e visões da vida e do mundo distintas, a partir das quais se organiza para atender às suas necessidades.

Portanto, os mitos em torno de motivar pessoas carecem de fundamento. Se o que motiva não é dado de fora para dentro, mas se encontra no interior das pessoas, é lá que suas fontes de motivação devem ser buscadas.

Do ponto de vista do interesse de marketing e RH, o que se pode fazer é criar um ambiente onde o desejo interno de fazer algo possa ser nutrido. Considerando que o desejo interno varia de pessoa para pessoa, trata-se de desenvolver empatia — a habilidade de identificar as motivações individuais do outro — e criar um ambiente organizacional que conviva com múltiplos valores, possibilitando a cada um desenvolver suas próprias motivações.

O resultado de tal ambiente não é composto por um comportamento uniforme ideal, mas uma multiplicidade de comportamentos individuais, considerados bem-vindos à vida da empresa e ao atingimento de resultados. A implicação prática de um ambiente desse tipo é que se exige do exercício da liderança maior compromisso com a prática da negociação em todos os níveis da empresa. Daí surge a primeira pergunta: somos capazes de negociar interna e externamente visando garantir que nossos funcionários estejam comprometidos com o sucesso de nossos clientes?

Sistema de recompensa

Os sistemas de premiação por desempenho nas empresas têm sido criticados por alguns autores pelos seguintes motivos: enfatizarem resultados a qualquer custo (estimulando práticas nem sempre saudáveis entre os funcionários); não considerarem os fatores de motivação intrínseca dos indivíduos; e apresentarem resultados no curto prazo em detrimento de uma revisão da administração praticada pelas empresas. Em resumo, para tais autores, os sistemas de recompensas utilizados como fator de motivação de seus empregados encobririam, no fundamental, sua má administração, representada por um ambiente organizacional que não propicia elementos para o desenvolvimento das motivações intrínsecas.

Sistemas de recompensas em geral partem da concepção de que é necessário reter bons empregados, oferecendo-lhes benefícios adicionais ao salário, e têm objetivo claro: oferecer aos empregados uma direção a ser perseguida por todos — a de que todos ganham quando a empresa ganha. Poderíamos dizer que essa é a mensagem do sistema de recompensas.

O problema é que, daqui para a frente, não haverá grandes ganhos financeiros a serem repartidos. Surge então a segunda pergunta: nossos colaboradores estão preparados para serem recompensados por seu empenho por meio de outras formas que não apenas a financeira?

Ambiente organizacional

Para alguns estudiosos da teoria das organizações, o ambiente organizacional proporcionado pela empresa moderna, orientado para resultados econômicos, retirou dos indivíduos o lugar que ocupavam anteriormente na vida social. A produção não só tomou o espaço central da vida moderna, mas expandiu-se para as outras esferas dela, deixando aos indivíduos pouco tempo para o lazer, para as atividades familiares e comunitárias.

O indivíduo passou a se ver e a ser visto como detentor de um emprego ou ocupação, em detrimento de outros interesses e capacidades que possua. Dessa forma, muito de seu potencial como ser humano deixa de ser explorado e desenvolvido, pois o âmbito do trabalho produtivo usualmente não lhe proporciona oportunidades de experiências diversificadas por meio das quais possa conhecer e dar a conhecer suas características individuais.

Mesmo contemporaneamente, o ambiente organizacional do trabalho tende a ser restritivo e limitador do desenvolvimento humano. Por outro lado, tal limitação pode apresentar possibilidades para o desenvolvimento das motivações intrínsecas individuais. Algumas empresas, por exemplo, têm estimulado seus colaboradores a se tornarem voluntários em atividades comunitárias como forma de proporcionar outro ambiente de desafios onde o indivíduo possa se desenvolver. Apesar de não existirem dados que atestem os resultados de tais iniciativas para as empresas, há indicações de que a satisfação dos funcionários envolvidos aumenta.

Uma terceira dúvida passa a fazer parte das angústias dos profissionais de marketing e RH: temos exercido nossa responsabilidade social de forma tal que possamos garantir que nossos funcionários se sintam parte de um negócio que é mais do que simplesmente ganhar dinheiro? Se você analisar detidamente as razões que as pessoas declaram ter para apontar suas empresas como uma das melhores para se trabalhar, vai verificar com facilidade que as questões apontadas nos parágrafos acima estão sempre entre aquelas consideradas mais relevantes para sustentar a afirmação.

Na seção seguinte, você poderá confirmar, leitor, o importante papel da tecnologia no que se relaciona às estratégias de marketing.

Influência da tecnologia nas estratégias de marketing e no comportamento do consumidor

Seres humanos normalmente se emocionam ao comprar um aparelho de última geração, alta capacidade de processamento ou performance fora do comum. Em passado recente, essa indescritível sensação de poder e satisfação era comumente vivenciada por quem comprava um carro possante. Sentar-se ao volante dos antigos Opalão, Dodjão e Landauzão produzia a mesma sensação que hoje temos ao dirigir um automóvel BMW, Audi e Mercedes AMG, bólidos capazes de atingir altíssimas velocidades.

Mas pouco a pouco outra indústria veio ocupar esse importante espaço dos produtos de alta performance e desempenho estonteante. Com sua chegada, aqueles que outrora admiravam a capacidade dos motores ou grau de octanagem dos combustíveis passaram a discutir sobre computadores, *tablets* e *smartfones*. Novos parâmetros foram incorporados ao dia a dia daqueles que querem estar na crista da onda da tecnologia e do desempenho. *Bits, bytes, pixels*, memória RAM, capacidade do HD, velocidade de transmissão e recebimento, compartilhamento e outras expressões de caráter tecnológico substituíram HP, torque, turbo e outras expressões da mecânica. Até que o novo aprendizado não foi assim tão difícil. Para aprender sobre carros era preciso assinar a *Quatro Rodas* e ler revistas importadas. Mas, para conhecer as novidades da informática, basta acessar o Google.

Há uma série de fatores que tornam a indústria da tecnologia incomum. Por exemplo: em que outra indústria as medidas de desempenho, velocidade e recursos aumentam e os preços continuaram caindo ano após ano?

Também podemos identificar uma marca do novo comportamento de compras dos consumidores. Um bom exemplo, leitor, é o dia do lançamento do iPhone, em 2007. Será que já tínhamos vivenciado a situação de 1.000 pessoas acamparem durante toda a noite na porta de uma loja apenas para comprar um novo *gadget*?

Seguramente um dos aspectos mais fascinantes dos eletrônicos de consumo é a forma como são anunciados. Raramente vemos esses aparelhos anunciados nos programas de TV mais populares (a única exceção são os celulares). Os especialistas em marketing de produtos de tecnologia comumente perguntam: quem é que consegue se lembrar de alguma propaganda de uma máquina de fax, filmadora ou aparelho de som *surround*? Quem pode assobiar o jingle de rádio de pelo menos um *player* de *blu-ray*?

A esmagadora maioria dos esforços de marketing e comunicação de produtos de tecnologia acontece de formas muito mais sutis e baratas: anúncios em revistas, eventos especializados e sites na internet. Há empresas — a Apple é um exemplo — que anunciam seus produtos em eventos transmitidos ao vivo na web — e ainda conquistam um público extra por causa do clima de segredo com que cercam a chegada de cada novo equipamento que lançam.

Um fator que chama enormemente a atenção é a forma como os fabricantes proclamam as vantagens de seus produtos.

Informações sobre watts, PMPO (medida de potência), zoom, pixels e megapixels, capacidade de processamento e outras siglas ininteligíveis inundam a comunicação com o mercado. Mas servem apenas para tornar o consumidor ainda mais inseguro na hora de fazer sua escolha.

É lógico que não se poderia esperar que as eventuais desvantagens ou pontos fracos fossem acentuados. Mas bem que se poderia pensar no cliente leigo (que representa a esmagadora maioria dos que compram aparelhos eletroeletrônicos) na hora de se proclamarem os pseudobenefícios da oferta.

Podemos mesmo afirmar que, com o advento da internet, o marketing nunca mais foi o mesmo, pois a tecnologia passou a ter importância fundamental.

Mas qual será a razão para as empresas terem tanta dificuldade de falar de forma simples sobre seus produtos e serviços? Por que existem tantos problemas de comunicação?

Uma possível resposta está na maneira como as pessoas adotam novas tecnologias.

O conceito de "ciclo de adoção de tecnologia" (CAT) nos ajuda a compreender melhor essa afirmação. O modelo CAT propõe que existem cinco perfis básicos de consumidores de produtos tecnológicos, como mostra a figura 10.

- inovadores (*innovators*) — pessoas que estão à frente das novas tecnologias. O amigo que soube que o Google ia lançar o Google Chrome antes de o programa estar disponível;
- adotantes iniciais — usuários que adotam com facilidade e rapidez novas tecnologias. Aquele amigo que comprou o iPhone logo que foi lançado, ou seja, pessoas que estão dispostas a pagar mais para ter uma novidade em mãos;

- maioria adiantada — mais conservadores. Sabem da importância da tecnologia, mas precisam ou da influência dos adotantes iniciais ou perceber que a tecnologia já está se consolidando para adotá-la. Algo como a empresa que decidiu agora investir em links patrocinados;
- maioria tardia — mais velhos e geralmente não gostam de tecnologia (talvez até tenham certo medo). Só adotam quando há certa insistência por parte de amigos e familiares. Exemplo: pessoas de terceira idade que começam a usar o celular;
- retardatários — muito conservadores e normalmente com menos instrução. Adotam quando não conseguem mais ter acesso às tecnologias conhecidas. Exemplo: as pessoas que adotaram o CD porque não encontram mais seus discos prediletos em vinil.

Figura 9
CICLO DE VIDA DA ADOÇÃO DE TECNOLOGIA

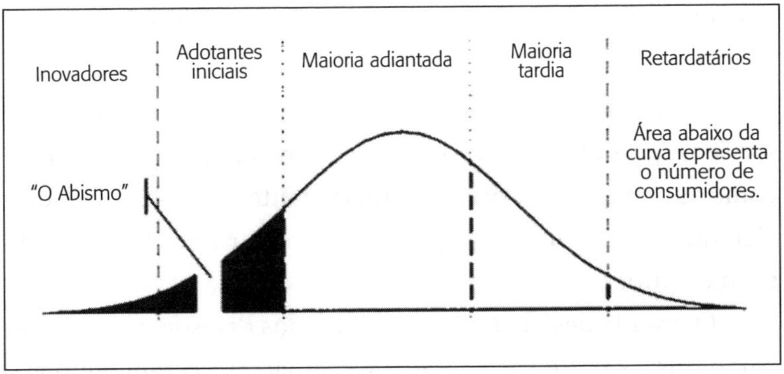

Fonte: Moore (2011).

Geoffrey Moore, em seu livro *Crossing the Chasm* (Cruzando o abismo, sem tradução para o português), traz uma visão muito interessante desse conceito aplicado ao marketing, Ele mostra maneiras de como o marketing deveria utilizar o ciclo de adoção de tecnologia como ferramenta de planejamento estratégico. E aponta que existe um abismo (chasm) entre os inovadores/adotantes iniciais e a grande maioria dos usuários.

Ele cita o exemplo de serviços on-line que, na fase inicial, demandam pouco suporte on-line, pois a maioria dos primeiros usuários pertence ao grupo dos inovadores e adotantes iniciais. Com o passar do tempo, na medida em que usuários de outros perfis acessam o site, por não terem as mesmas facilidades do primeiro grupo, estes começam a demandar o uso do suporte on-line (muitas vezes falho) e reclamam que o site não é fácil de usar.

É interessante notar que, desde que a internet se tornou comercial, é frequente ver erros de planejamento com sites que são lançados sem uma prévia análise do perfil do usuário que irá acessá-lo — sites que pedem *plugins* para visualizar vídeos, sem uma orientação on-line que facilite o usuário que não seja inovador ou adotante inicial a entender como utilizá-lo.

O profissional de marketing, incluindo o webmarketing, precisa ter consciência de qual é o público de seus produtos/serviços, pois assim terá condições de avaliar estrategicamente como vai precisar suportar sua oferta tanto no âmbito tecnológico quanto no que diz respeito ao tipo de pessoas que deverá ter na equipe.

O grande desafio é que a maioria dos decisores — pessoas como nós — pertence a gerações que não cresceram familiarizadas com a tecnologia. Portanto, para planejar ações de marketing, esses executivos têm dificuldade para lidar com novas tecnologias, como links patrocinados, redes sociais (Twitter, Facebook, Orkut, Youtube etc.) e outras.

Não se atualizar com esses recursos e conceitos significa assumir o risco de ter um planejamento de marketing baseado apenas em conceitos tradicionais (ou antigos). Vale uma boa reflexão.

As mídias sociais

Quando falamos em marketing em mídias sociais, referimo-nos a todo esforço de marketing feito utilizando Orkut, Twitter, Facebook, Linked in, blogs etc.

Você já parou para pensar se existe alguma rede social na internet falando sobre sua empresa? É importante que você preste atenção no que está sendo dito sobre seu negócio. Tire dúvidas dos usuários envolvidos e resolva mal-entendidos o mais rapidamente possível. O marketing em mídias sociais visa estreitar relações com seus clientes ou potenciais clientes.

Mídias sociais são espaços de interação entre usuários que fazem parte de comunidades relacionadas à sua empresa. É importante ressaltar que os usuários de mídias sociais estão interagindo ali por vontade própria — e não por imposição. Eles procuraram por sua empresa e entraram na comunidade; por isso é um público que deve ser levado muito a sério. Há inúmeras empresas trabalhando com marketing no Orkut e em blogs, e com marketing estratégico nas demais mídias sociais expressivas e com grande volume de público.

Mas esse serviço só serve para quem é famoso? Não. Vamos supor que você tenha uma pequena fábrica de instrumentos musicais que quase ninguém conhece. Se você divulgar seu trabalho nas mídias sociais (fóruns, blogs, listas que falam sobre música, aulas de música, instrumentos musicais etc.), as pessoas vão conhecer seu produto e você terá um contato direto com seu público-alvo. Em se tratando de mídias sociais, as pessoas dialogam e compartilham informações. O conteúdo de uma mídia social tende sempre ao infinito, uma vez que qualquer membro pode contribuir a qualquer momento.

Vamos continuar no exemplo do ramo de música. Você sabia que vários artistas do mundo inteiro usam sites de comunidade para escolher e divulgar as músicas que serão lançadas? Personalidades como Madonna trabalham o marketing social divulgando suas músicas antes de gravar um novo disco. Assim elas podem saber quais músicas foram bem-aceitas e gravar o CD apenas com elas.

Falamos do ramo de música, mas o mesmo acontece em todos os demais ramos. Realizar um trabalho de gestão de mídias sociais onde se encontra seu público é um excelente meio de divulgação dos seus serviços. Traçar uma estratégia de marketing em mídias sociais é uma imersão nesse universo de transparência nas relações entre empresa e consumidor. Mais do que anunciar, é preciso analisar e validar as opiniões a fim de direcionar os esforços de uma campanha publicitária ao encontro dos anseios de seu público-alvo.

Deixe que as mídias sociais trabalhem para você.

Melhores práticas para trabalhar com mídias sociais

Diversos estudos têm demonstrado que automação de marketing é a área de maior crescimento previsto no período 2010-2014, devendo dobrar de tamanho em cinco anos. Esse crescimento é empurrado pela evolução dos atuais investimentos de marketing em estratégias de massa, unidirecionais e monocanal, para uma nova realidade interativa, bidirecional, multicanal, em que as campanhas devem ser sempre mensuráveis e dirigidas não só pela empresa, mas pelo relacionamento com o cliente.

Como profissionais de marketing, será que sabemos especificar nossas necessidades de forma compreensível para nossos colegas de tecnologia? Será que realmente sabemos o que já é possível fazer e o que empresas como a nossa já estão fazendo com novas estratégias e ferramentas interativas? Temos ideia de custos, prazos e da complexidade de um projeto de gestão de marketing?

Veja, leitor, que os questionamentos demonstram a preocupação em otimizar as práticas para melhor atendimento às mídias sociais.

E quem cuida da tecnologia sabe realmente como enfrentar os desafios de criar uma visão única de clientes? Conhece as ferramentas de análise de clientes e de resultados que podem ser oferecidas para as áreas de negócio? Sabe como habilitar os pontos de contato a interagir com os clientes de maneira eficaz e dinâmica?

Essas perguntas são apenas exemplos da diversidade de temas que obrigatoriamente passarão a fazer parte do cotidiano das empresas. Estamos de fato entrando em uma nova era do marketing — e não mais só como "tendência" ou "visão de futuro". Na prática, as empresas têm uma agenda cheia pela frente, com muito aprendizado e novas oportunidades para trabalhar marketing e tecnologia de maneira integrada e com estratégias claras e comuns para construir essa nova era.

Observe, leitor, a importância do marketing nessa nova era e a necessidade da interação com a tecnologia.

Em poucos anos praticamente todos os livros terão versões Kindle. Dará para contar nos dedos de uma das mãos — e ainda sobrarão dedos — os livros, discos (palavra antiquada, mas ainda bastante utilizada) e outros meios de lazer e entretenimento que serão oferecidos de forma analógica. A combinação Kindle, iPhone, iPad e notebook é muito poderosa. Músicos, cantores, autores e editoras que não disponibilizarem versões eletrônicas dos seus discos e livros perderão espaço no mercado.

No livro *Drive*, o autor americano Daniel Pink mostra o resultado de diferentes estudos sobre o que motiva uma pessoa. As descobertas do livro são bastante óbvias: as pessoas querem autonomia, melhorar naquilo que fazem e ser parte de algo maior — o senso de pertencimento despertado nos consumidores a partir do acesso a uma rede mundial que a todos interliga.

Ao chegar a este ponto na leitura do livro que tem em mãos, o leitor pode estar se perguntando: "Mas será que o trabalho do profissional de marketing exige mesmo que se esteja ligado com tanta ênfase no desenvolvimento das novas tecnologias?".

Tentemos responder a essa pergunta tomando emprestada uma expressão da língua inglesa que diz *never take anything for granted*. Em uma tradução livre, equivale à ideia de "nunca tome como verdade aquilo que você acha que as coisas são".

Imaginemos o executivo da área de marketing de uma grande empresa multinacional frustrado porque um treinamento que ele organizara não havia gerado o resultado esperado.

Poderíamos perguntar a ele: "Já te ocorreu que nem sempre as pessoas são capazes de resolver os problemas de uma organização?" Meio atônito ele talvez nos olhasse nos olhos e dissesse: "Mas como assim? Ao fim e ao cabo não são as pessoas que decidem o que vai ou não ser feito frente a um problema qualquer?"

Aí esta a chance para você, leitor, parar e refletir sobre as razões que permitem que certas empresas tenham sucesso onde outras fracassam.

Vejamos alguns exemplos práticos.

Imaginemos um daqueles hotéis construídos para receber dezenas de famílias e que, de repente, resolveu ganhar dinheiro atendendo a empresas. Até aí tudo bem; afinal, estavam aproveitando uma demanda oriunda da grande carência de locais capazes de receber dezenas (ou mesmo centenas) de pessoas de uma só organização. Mas o problema é que o sistema de restaurante não fora devidamente reestruturado para receber, de uma só vez e ao mesmo tempo, mais de 300 pessoas para almoçar num intervalo de tempo de uma hora. Resultado? Filas enormes ao redor dos dois buffets (de quentes e de frios), pessoas reclamando, alguns indo embora com fome e garçons muito bem-treinados preocupados em saber se as pessoas queriam uma fatia de laranja ou de limão no guaraná.

Falhas estruturais também geram gargalos crônicos. Basta frequentar um aeroporto brasileiro mais movimentado para saber o que é isso. As filas são imensas e, às vezes, alguns aparelhos não funcionam. Atrás de cada uma delas podem-se ver pelo menos cinco pessoas de apoio, ávidas por demonstrarem como estavam preparadas para lidar com qualquer situação de não conformidade.

Uma terceira categoria de problemas reúne as diversas falhas estratégicas, que tão frequentemente levam as montadoras de automóveis a perder verdadeiras fortunas em lançamentos totalmente inadequados. Quem se lembra do Kangoo? Compare-o ao Doblô Adventure e você, leitor, imediatamente entenderá do que se está falando.

Por último vêm os problemas originados na falta de conhecimento, habilidade e atitude das pessoas. Estes são passíveis de tratamento via treinamento, mas mesmo assim é preciso conhecer a causa exata do problema para poder garantir a validade da profilaxia.

Em última análise, pode ser que as pessoas não estejam fazendo o que se esperava que elas fizessem porque não querem, não podem ou não sabem. Mas, antes de chegar a esta conclusão, procure se assegurar de que a causa do problema não é puro e simples desconhecimento de para onde caminham o mundo e a humanidade.

Contudo, o grande desafio para a efetiva prática do conceito não tem origem em limitações de natureza financeira ou tecnológica. O grande desafio é fazer com que as pessoas que atuam nas organizações comprem o conceito de satisfazer o cliente em tempo real.

Quando particularizamos a discussão, verificamos que, na indústria, a aplicação do conceito de marketing em tempo real parece ser mais fácil do que nos serviços — afinal, quando se trata de produtos tangíveis, é possível desenvolver chips, sensores e outros equipamentos para monitorar as alterações de hábitos de consumo e se adaptar a elas. Este é um grande engano.

Temos de nos convencer de que não adianta oferecer produtos fantásticos se não garantirmos relacionamentos que sejam vistos pelos clientes como excepcionais. Já sabemos que as pessoas não compram produtos ou serviços, mas sim soluções para seus problemas. O grande desafio, leitor, é saber se estamos preparados para desenvolver com esses clientes uma sistemática de relacionamento na qual nossos colaboradores estejam estimulados e convencidos da relevância do seu papel na relação como o mercado. Em outras palavras: é preciso que todos na empresa — do presidente ao faxineiro — estejam verdadeiramente conscientes de que, se não estivermos cuidando de nossos clientes, não tem problema — alguém estará.

Procuramos mostrar neste capítulo que atender às necessidades do cliente em tempo real é um paradigma inteiramente novo e revolucionário para o marketing. Ele representa a confluência entre o marketing de relacionamento e a customização em massa, e é considerado como a fronteira final para a conquista da verdadeira lealdade do consumidor.

No capítulo seguinte abordaremos o planejamento de marketing e ferramentas de controle.

Exercitando conceitos

1. Quais as duas questões fundamentais que devem ser levadas em consideração em relação à da criação de valor para o mercado?
2. Como as empresas devem agir para garantir a satisfação dos clientes?
3. Quais as vantagens na utilização do CAT como planejamento estratégico?

4

Planejamento de marketing e ferramentas de controle

Você, leitor, deve ter escutado de amigos, professores ou na televisão, ou mesmo lido algum artigo ou reportagem falando sobre as causas da mortalidade precoce das novas empresas que surgem no mercado, ou de grandes e consolidadas organizações que sucumbiram face a uma mudança no ambiente político, tecnológico ou econômico que não haviam previsto. Em geral o que faltou a essas empresas foi planejamento. No quarto capítulo apresentaremos a você, leitor, os conceitos básicos e as ferramentas de planejamento de marketing.

As mudanças tecnológicas ocorrem com velocidade cada vez maior. Ficamos desatualizados em poucos meses se não acompanharmos em tempo real as mudanças que ocorrem a cada momento.

O mundo está passando por mudanças políticas e econômicas que 10 anos atrás eram inconcebíveis. Os países ricos entraram em profundo colapso econômico e político após outubro de 2008, quando da crise do *subprime* nos EUA. A crise econômica se acirra na União Europeia, levando governos a caírem como dominó, um após o outro: Irlanda, Portugal, Grécia, Itália e Espanha. Qual será o próximo? Por outro lado, os países emergentes assumem um papel cada vez mais importante no contexto econômico e político mundial. Essas mudanças e incertezas afetam as decisões de compra e de investimentos por parte das pessoas e empresas.

Este ambiente de constantes mudanças é o ambiente de marketing. As mudanças econômicas, socioculturais, tecnológicas, políticas mudam radicalmente o ambiente de negócios, a forma de consumir, as necessidades e desejos dos consumidores, as forças de mercado. Muitos empresários e executivos se perguntam diariamente: como fazer planejamento se o ambiente de negócios muda tão rapidamente e de forma tão radical? Essa é uma contradição, em verdade. Planejamento estratégico é um processo; deve ser continuamente revisto, repensado e adaptado; não é uma peça estática. Já que as mudanças são radicais e rápidas, isso reforça ainda mais a posição de que as empresas devem estar repensando seu negócio diariamente, como foi comentado no capítulo 1. Justifica-se, cada vez mais, a necessidade do planejamento estratégico nas organizações. Agora, leitor, vamos estudar alguns conceitos importantes em planejamento estratégico.

Planejamento

Drucker (1995), antes de conceituar planejamento, discorre sobre o que não é planejamento estratégico. Para ele, planejamento estratégico não é uma caixa de mágicas nem um amontoado de técnicas. Planejar não é quantificar, não é previsão; ele se faz necessário por não se ter a capacidade de prever. Tampouco opera com decisões futuras, mas sim com o que há de futuro nas decisões presentes. Ele não é uma tentativa de eliminar o risco; por isso, é fundamental que os riscos assumidos sejam os riscos certos. Segundo sua concepcão, "planejamento estratégico é um processo contínuo, sistemático, organizado e capaz de prever o futuro, de maneira a tomar decisões que minimizem os riscos" (Drucker,1995:63).

Existem dois critérios que são considerados essenciais para o bom funcionamento de uma organização: a eficácia e a eficiência. A eficácia é o critério mais importante, tendo em vista que nenhum nível de eficiência compensará o erro na definição dos objetivos amplos da organização. Podem-se considerar as definições para eficiência e eficácia de Oliveira, Perez Júnior e Silva (2002), que de tão simples se mostram muito claras:

- eficiência — fazer bem-feita alguma coisa. Fazer adequadamente um trabalho;
- eficácia — grau em que são satisfeitas as expectativas de resultado. Cumprimento da missão.

A eficiência "refere-se também à ausência de desperdício significativo de recursos investidos, enfim, à real necessidade dos dispêndios realizados" (Oliveira, 1999:38). Em suma, trata-se de ter sob controle os gastos, de forma a minimizá-los a partir de uma ótica racional. Assim, considera-se que a soma desses conceitos gera a excelência de uma administração.

Hamel e Prahalad (1994) afirmam que planejamento é o processo derivado da função da administração de planejar, que significa especificar os objetivos a serem atingidos e decidir antecipadamente as ações apropriadas que devem ser executadas para atingi-los. Além das definições relacionadas ao rumo pretendido para a organização, no planejamento deve-se ainda definir a maneira de alcançar esses objetivos, numa visão estratégica da administração, cabendo ao gestor definições acerca de como, quando, quanto e quem. Dessa forma, pode-se considerar, de acordo com Oliveira, Perez Júnior e Silva (2002), que o desenvolvimento da missão e visão estratégicas, o estabelecimento de objetivos e a decisão sobre uma estratégia são tarefas básicas de estabelecimento de rumo de um planejamento. O planejamento vai indicar os rumos das organizações, seus objetivos e desempenhos de curto e de longo prazo, bem como as mudanças competitivas e programadas.

Diagnóstico estratégico

O diagnóstico estratégico é a primeira ação a ser desenvolvida do processo de planejamento e é através dele que a organização consegue as primeiras informações que irão nortear o direcionamento estratégico da empresa. Tem por função levantar e manter atualizado o conhecimento da empresa em relação ao ambiente e a si própria, visando identificar e monitorar permanentemente as variáveis competitivas que podem afetar sua performance. Com isso consegue a empresa se antecipar às mudanças e preparar-se competitivamente para ação.

Decisões estratégicas, táticas e operacionais

Diversos problemas que ocorrem em uma organização advêm de decisões empresariais tomadas sem planejamento, por exemplo, investimentos na expansão do negócio sem planejar o fluxo de caixa futuro, substituição de equipamentos antigos sem planejar a atualização tecnológica ou mesmo problemas em decorrência de um lançamento de produto sem que tenha sido analisado o mercado consumidor. À medida que as decisões empresariais são tomadas tendo por base o planejamento e informações confiáveis, o gestor consegue solucionar ou minimizar possíveis problemas, evitando, assim, transtornos.

Existem três tipos de decisões: as estratégicas, as táticas e as operacionais. As decisões estratégicas pertencem à alta administração, pois geram atos com efeito duradouro e são tomadas a partir do planejamento estratégico. Por exemplo, uma nova fábrica, nova linha de produção, novos mercados, novos produtos ou novos serviços, que envolvem toda a estrutura organizacional, com informações macro, ou seja, utilizam informações internas e externas. Já as decisões táticas pertencem ao nível gerencial, pois produzem efeitos a médio prazo e de menor impacto na estratégia da organização; são tomadas com informações sintetizadas por unidade departamental de um negócio ou uma atividade da empresa. As decisões operacionais referem-se ao controle e às atividades operacionais da empresa para alcançar os padrões de funcionamento preestabelecidos, criando condições para a realização adequada dos trabalhos diários da organização, com nível de informação de pormenores de um dado, uma tarefa ou uma atividade.

Vale ressaltar que classificar as decisões somente pela ótica temporal pode gerar confusão, tendo em vista que, nas indústrias de ciclo de vida curto, as decisões estratégicas não vislumbram períodos de tempo tão longos quanto nas indústrias de ciclo de vida longo.

A seguir, abordaremos os três níveis de planejamento: estratégico, tático e operacional, com suas respectivas características.

Planejamento estratégico, tático e operacional

Existem três níveis de planejamento em função de sua dimensão temporal: o estratégico, o tático e o operacional. O planejamento estratégico seria baseado em decisões de longo prazo (mais de três anos), enquanto que o planejamento tático e o operacional em decisões de curto prazo (menos de um ano). Contudo, autores como Oliveira (1999) distinguem os três tipos de planejamento segundo o nível hierárquico e o impacto das decisões. Essa abordagem evita distorções que podem ocorrer quando da mera classificação do planejamento em função temporal.

Veja, leitor, que, em certos segmentos de negócios, como a indústria da tecnologia da informação, o ciclo de vida dos produtos é muito curto (no máximo um ano), e o planejamento estratégico poderia ser encarado como um planejamento tático ou operacional.

Ao classificar o planejamento pela ótica do nível hierárquico e do impacto das decisões, o planejamento estratégico foca as questões da empresa como um todo, e seu impacto se dará sobre toda a organização. Essas decisões são tomadas pela alta direção. Assim, o exemplo dado sobre um planejamento estratégico no segmento da indústria da tecnologia da informação, por ser de curto prazo (um ano), poderia ser confundido com um planejamento tático.

Ainda pela ótica do nível hierárquico e do impacto das decisões, o planejamento tático refere-se a uma área funcional da organização, podendo ser também uma divisão de negócios, uma gerência ou departamento. As decisões táticas, expressas no planejamento tático, são tomadas por executivos seniores das áreas funcionais ou organizacionais. Essas decisões devem estar coerentes e alinhadas com o planejamento estratégico.

Planejamento estratégico

Porter (1999:126) afirma que uma empresa sem planejamento estratégico "corre o risco de se transformar em uma folha seca, que se move ao capricho dos ventos da concorrência". O fato é que o gestor que não planeja acaba por se concentrar excessivamente no operacional, resolvendo apenas os problemas que surgem no dia a dia, não conseguindo identificar de onde surgem tais problemas. Podemos compará-lo com um bombeiro, que vive apagando incêndios, mas que não consegue enxergar onde está a causa deles.

Planejamento estratégico orientado para o mercado é definido por Kotler (2000:86) como "o processo gerencial de desenvolver e manter uma direção estratégica que alinhe as metas e os recursos da organização com suas mutantes oportunidades de mercado".

Drucker (1995) relata que, embora o crescimento de uma empresa ocorra repleto de problemas e eventos aleatórios, é inegável que as empresas que prosperam e conseguem se perpetuar no mercado são aquelas que possuem a capacidade de se adaptar às mudanças ambientais, antecipando-se aos concorrentes. As empresas que utilizam os instrumentos do planejamento de forma coerente, adaptando-os à sua realidade e às suas necessidades, conseguem uma vantagem competitiva face à concorrência.

Planejamento estratégico de marketing

Seja por parte dos autores, ou mesmo no mercado, existe uma confusão sobre os conceitos de planejamento estratégico corporativo e planejamento estratégico de marketing, bem como sobre o conceito de plano de marketing. Em geral, o plano de marketing é chamado de plano integrado de marketing.

O planejamento estratégico corporativo, obviamente, trata do conjunto da organização, tendo em seu conteúdo o planejamento estratégico de marketing, de finanças, dos recursos humanos, entre outros. Aplica-se à organização como um todo e às suas diversas unidades estratégicas de negócios.

Segundo McDonald (2004:22), planejamento estratégico de marketing é "uma sequência lógica e uma série de atividades que levam à determinação de objetivos de marketing e à formulação de plano para alcançá-los".

É vital para a efetividade do planejamento estratégico de marketing que, na sua confecção, sejam envolvidos profissionais de todas as demais áreas da empresa, os quais, através de equipes multifuncionais, viabilizem que ele tenha vínculo com o planejamento estratégico corporativo.

Assim, é importante conhecer o que caracteriza o plano de negócios, a ser abordado na próxima seção.

Plano de negócios

Segundo Cecconello e Ajzental (2008:13), "plano de negócio é um documento para apreciação e avaliação de partes interessadas, e suporte à tomada de decisão de investimentos".

Em geral, um plano de negócios, também conhecido como *business plan*, é desenvolvido para novos negócios a serem lançados no mercado. Esse documento tem como objetivo apresentar o conceito e a viabilidade econômico-financeira de um novo negócio para que acionistas, empreendedores e investidores possam melhor decidir sobre o aporte de recursos, tempo e esforço nesse novo empreendimento.

O plano de negócios é importante no sentido de ser um instrumento de apresentação do negócio para diferentes públicos:

- sócios potenciais — para estabelecer acordos e direção;
- parceiros — para estabelecer estratégias conjuntas;
- bancos — para conseguir financiamentos;
- intermediários — pessoas que ajudam a vender seu negócio;
- investidores — empresas de capital de risco, pessoas jurídicas e outros interessados;
- executivos de alto nível — para aprovar e alocar recursos;
- fornecedores — para outorgar crédito para compra de mercadoria e matéria-prima;
- gente talentosa — que você deseja contratar para fazer parte da empresa;
- a própria empresa — para comunicação interna com os empregados;
- clientes potenciais — para vender o produto/serviço [Pavani, Deutscher e López, 2000:13].

A seguir, apresentaremos a você, leitor, o plano de marketing.

Plano de marketing

Para podermos abordar o plano de marketing — que, temos certeza, é o tema mais esperado por você, leitor —, tivemos de conceituar estratégia (vide capítulo 2), planejamento estratégico (vide início desse capítulo) e mostrar as diferenças entre planejamento estratégico, planejamento estratégico de marketing e plano de negócios. Agora, vamos conceituar plano de marketing.

Segundo Ambrósio (1999:9):

> Um Plano de Marketing é o ponto alto do processo da decisão de aproveitar uma oportunidade oferecida pelo mercado. Ele congrega todas as atividades empresariais dirigidas à comercialização de um produto, o qual existe para atender a neces-

sidades específicas dos consumidores. Em síntese, o Plano de Marketing estabelece todas as bases e diretrizes para a ação da empresa no mercado.

Magalhães e Sampaio (2007:117) acrescentam que "o Plano de Marketing deve ter início com a resposta das três perguntas essenciais: onde estamos, o que somos e para onde vamos?".

Definidas as respostas a essas três perguntas, o plano deve traçar uma estratégia e relacionar as atividades táticas que permitirão sair de um determinado ponto e chegar, com sucesso, à meta desejada. Trata-se de responder a uma nova pergunta: como vamos?

Em suma, o plano de marketing deve definir objetivos, metas e ações estratégicas do composto de marketing e deve estar alinhado com o planejamento estratégico da organização.

O plano de marketing pode ser subdividido em planos operacionais, quais sejam:

- plano de marca;
- plano por categoria de produto;
- plano para novos produtos;
- plano por segmento de mercado;
- plano por mercado geográfico;
- plano por cliente.

Alguns autores evidenciam que o planejamento de marketing deve levar em conta o conceito de marketing integrado, que propõe que todos os setores da empresa devem trabalhar em conjunto para atender às demandas do mercado e não somente à função de marketing. Ambrósio (2007:3) esclarece que:

> O marketing integrado opera em primeiro nível do departamento de marketing, integrando as diversas funções de marke-

> ting, por exemplo, equipe de vendas, pessoal de propaganda, a gerência de produtos e os pesquisadores de mercado. Em um segundo nível, o marketing integrado ocorre pela coordenação das diversas atividades dos demais departamentos, como finanças, produção, recursos humanos e engenharia.

O primeiro passo é identificar o conhecimento existente na organização, que é necessário e vital para desenvolver um plano de marketing.

Como já havíamos comentado no capítulo 2, as organizações que desenvolvem um sistema de informações e inteligência de marketing (SIM) estão mais bem-preparadas para o desafio de capturar as informações e transformá-las em inteligência de mercado.

Um dos principais erros cometidos pelas organizações no seu processo de planejamento de marketing é negligenciar o desenvolvimento de um sistema de informações de marketing.

Outro ponto importante que deve ser evitado na confecção de um plano integrado de marketing é a falta de uma abordagem quantitativa que permita ao gestor definir metas e, principalmente, resultados que remunerem o capital investido.

Segundo Magalhães e Sampaio (2007:91):

> Planos de marketing hipotéticos e exercícios acadêmicos podem conter expressões como preço competitivo, a maioria dos clientes, grande preferência etc. Na vida real não! Nos verdadeiros planos de marketing, essas expressões têm de ser substituídas por expressões numéricas, tais como: preço X por cento, em média, superiores aos do concorrente B, de Z por cento a Y por cento dos clientes manifestam sua satisfação etc.

Para tomada de decisões, o gestor de marketing precisa de métricas e indicadores sobre o mercado, preços, variáveis macroeconômicas, tais como:

- PIB da cidade/estado/país;
- renda;
- renda per capita;
- padrões de consumo;
- frequência de consumo;
- sazonalidade;
- consumo per capita;
- market share;
- *mind share*;
- inflação na economia e setorial;
- crescimento do mercado e da economia.

Os questionamentos essenciais que o gestor de marketing deve fazer, apontados neste capítulo, são: onde estamos? Quem somos? Para onde vamos? Como vamos? Eles constituem o alicerce de um plano integrado de marketing.

Em negócios, o tripé — conhecimento, decisão e ação — é a base para o sucesso. Significa: conhecer profundamente seu cliente, seus concorrentes, os potenciais entrantes no seu segmento de negócio, os ambientes econômico, sociocultural, tecnológico e demográfico; decidir os objetivos e metas a alcançar, as ferramentas a utilizar; agir definindo como, quando, onde e com que recursos financeiros e humanos se pode contar.

Sugerimos um modelo de plano integrado de marketing, porém você, leitor, encontrará diversos modelos na literatura especializada, alguns mais completos e complexos, alguns mais específicos para certa área de negócios, alguns com termos diferentes, mas, em regra geral, todos seguem esse padrão: sumário executivo; visão e missão; auditoria de marketing; análise Swot, matriz de expansão produto/mercado, matriz BCG e seleção de mercado-alvo; metas e objetivos; estratégias de marketing; plano de ação; viabilidade financeira; controles.

A seguir, detalharemos cada um desses tópicos.

Sumário executivo

Também conhecido como *management summary* ou *executive summary*, deve ser o resumo do plano com os principais destaques, redigido de forma concisa. O sumário executivo deve conter:

- situação;
- objetivos;
- mercado: tamanho atual do mercado e projeção para o futuro; participação de mercado atual e projeção para o futuro;
- posicionamento;
- produto;
- distribuição;
- promoção;
- preço: resultados financeiros; demonstração de lucros e perdas; retorno do investimento (ROI); *pay back*.

Visão e missão

Para Oliveira (1999:5), "a visão pode ser considerada como os limites que os principais responsáveis pela empresa conseguem enxergar dentro de um período de tempo mais longo e uma abordagem mais ampla". A visão sintetiza o futuro da empresa, onde ela deseja estar em determinado momento do tempo.

A visão deve ser disseminada entre todos os colaboradores da organização, incluindo fornecedores, prestadores de serviços e clientes, e deve emanar da alta direção da empresa.

McDonald sugere que todo plano integrado de negócios comece com uma declaração de missão ou de propósito. Segundo ele:

> Esse talvez seja o aspecto do plano de marketing mais difícil para os administradores dominarem, porque é, em grande parte, de natureza filosófica e qualitativa. Muitas organizações descobrem que seus diferentes departamentos e, algumas vezes, até mesmo diferentes grupos dentro do mesmo departamento, estão puxando em direções diferentes. Em razão disso os resultados são frequentemente desastrosos, simplesmente porque a organização não definiu as fronteiras e o modo como deseja fazer negócios. [McDonald, 2004:33]

Para Cecconello e Ajzental (2008:151), a visão procura definir o que a empresa pretende atingir e a missão "parametriza a atuação para essa realização, delineando o caminho".

A missão de uma organização deve conter:

- definição do negócio, não sendo específico nem genérico em demasia;
- competências distintas, evidenciando o que distingue ou não a organização da concorrência;
- indicações para o futuro em que a organização pretende estar em três a cinco anos.

Auditoria de marketing

Segundo McDonald (2004:35),

> é revisão e avaliação sistemática, crítica e sem viés do ambiente e das operações da empresa. Uma auditoria de marketing é parte da auditoria administrativa mais ampla e preocupa-se com o ambiente de marketing e com as operações de marketing.

Existem dois tipos de auditoria de marketing: a auditoria externa e a interna. A auditoria externa está relacionada às variáveis não controláveis do marketing; a interna está relacionada às variáveis controláveis.

Cabe aqui, leitor, relembrar o conceito de macro e microambiente de marketing. O macroambiente de marketing se refere às forças externas, que não podemos controlar, tais como política, economia, forças sociais e culturais, tecnologia, demografia, mas cujas mudanças afetam a organização, gerando oportunidades e ameaças. O microambiente de marketing são as forças que as organizações controlam. McDonald (2004) chama essas forças de variáveis operacionais.

Auditoria externa

Na auditoria externa devem-se analisar:

- ambiente demográfico — composição da população por faixa etária, em que regiões a população cresce ou decresce, composição étnica, composição dos lares, movimentação geográfica da população (por exemplo, o crescimento das cidades médias, o encolhimento das grandes cidades e, até, desaparecimento de pequenas comunidades), entre outros;
- ambiente econômico — distribuição de renda, crescimento e maior participação econômica das classes "C", "D"e "E", inflação, desemprego, energia, disponibilidade de matérias-primas, entre outros;
- ambiente natural — escassez de matérias-primas, custo mais elevado de energia e demanda por energia "limpa", efeito estufa e suas consequências econômicas, catástrofes climáticas, entre outros;

- ambiente tecnológico — aceleração no ritmo das mudanças tecnológicas, oportunidades ilimitadas de inovações, disponibilidade de novos produtos substitutos, entre outros;
- ambiente político-legal — legislação sindical, legislação de direitos humanos, aumento da carga tributária, regulação dos mercados, crescimento dos grupos de interesse, entre outros;
- ambiente intraempresarial — investimento de capital, paralisações, greves, fusões e aquisições, movimentos de acionistas majoritários, entre outros;
- ambiente sociocultural — nascimento de subculturas, preocupação dos consumidores com a qualidade de vida e o consumo de produtos "ética e ecologicamente corretos", entre outros.

O gestor de marketing deve estar sempre monitorando as variáveis incontroláveis do marketing para se antecipar às mudanças, aproveitando as oportunidades geradas por essas mudanças e neutralizando as ameaças, se possível, antes que elas ocorram.

Auditoria interna

A auditoria interna tem como escopo avaliar as forças e fraquezas da organização em relação às concorrentes atuais e potenciais no mercado.

Segundo Porter (1986), as variáveis incontroláveis afetam todas as organizações no segmento de mercado. A diferença se faz na habilidade da organização em lidar com elas. As chamadas "cinco forças de Porter", as forças competitivas básicas da concorrência em uma indústria, ou seja, um segmento de negócios, são: rivalidade entre as organizações existentes, poder de negociação dos compradores, poder de negociação dos fornecedores, ameaça de novos entrantes no mercado e ameaça de produtos ou serviços substitutos. Alguns autores e estudiosos de estratégia empresarial têm incluído, na análise da indústria, a concorrência ampliada. Quando uma pessoa decide postergar a reforma da casa para investir em um curso de pós-graduação para seu filho recém-graduado, está fazendo opções de compra em universos totalmente diferentes de ofertas de produtos e serviços. Porter (1986:24) chama essa concorrência de "rivalidade ampliada".

Pode causar estranheza referirmo-nos a auditoria interna ao analisarmos a concorrência, fornecedores, compradores e possíveis entrantes no mercado, já que esses entes são externos à organização. Porém, o foco da análise é identificar quais as forças e fraquezas da sua organização (análise interna) em relação a esses entes externos.

Vamos pontuar os fatores e itens estratégicos que devem ser analisados.

Rivalidade entre os concorrentes atuais

Neste item, podemos destacar: disponibilidade de capital e investimentos dos concorrentes, bem como alavancagem de recursos no mercado financeiro; grau tecnológico e capacidade de inovação das concorrentes no segmento de negócios; economia de escala das organizações concorrentes que podem reduzir e otimizar custos; qualidade dos recursos humanos empregados pelas demais organizações; capacidade de retaliação por parte das demais organizações do segmento; barreiras emocionais que existam no mercado, como concorrentes com marcas muito fortes e reconhecidas no mercado; restrições de governos de todas as esferas que possam ser geradas por lobbies de organizações concorrentes ou demais grupos sociopolíticos, como sindicatos, ONGs e grupos sociais e políticos; parcerias estratégicas que as organizações concorrentes podem estabelecer ou já estão estabelecidas, como um grande distribuidor de um produto complementar através de uma parceira estratégica que pode reduzir o custo de distribuição de um produto concorrente no mercado.

O gestor de marketing deve estar constantemente se perguntando como está sua organização em relação à concorrência nestes itens estratégicos:

- *poder de barganha dos compradores no segmento de negócio* — o poder de barganha dos compradores é cada vez maior face ao processo de comoditização dos produtos, à infidelidade às marcas, à profusão de novos produtos, à disseminação da informação sobre produtos, serviços, concorrência e reclamações por parte dos demais clientes (que as novas ferramentas da tecnologia possibilitam). As relações entre compradores e fornecedores se tornam mais complexas.

  No mercado empresarial, as redes varejistas investem cada vez mais em marcas próprias, reduzindo o espaço nas gôndolas e aumentando seu poder de barganha ao negociar com as marcas líderes. Estas, por sua vez, consolidam-se em grandes grupos e marcas globais e, em contrapartida, abrem suas próprias lojas.

  Apesar da tendência do maior poder de barganha dos compradores, esse poder pode se diferenciar em função do segmento de negócio que se esteja analisando. Como sua organização e seus concorrentes estão no que tange ao poder de barganha dos compradores? Alguns itens estratégicos devem ser analisados:

(a) produto comoditizado gera baixo custo de mudança para o comprador;

(b) customize seu produto ou serviço! Compradores sensíveis a preço ou que trabalhem com baixa margem de lucro em geral são mais resistentes no processo de negociação;

(c) compradores que têm a capacidade econômica e tecnológica podem vir a se tornar concorrentes ao fazerem a integração para trás. Quando a siderúrgica passa a ter sua mina de ferro, reduz sua dependência de fornecedores, aumentando seu poder de barganha;

- *poder de barganha dos fornecedores no segmento de negócio* — um grande dilema dos fornecedores é poder repassar para seus clientes possíveis aumentos de custos ou aumentar a rentabilidade do negócio. Fornecedores têm grande poder de barganha quando:

(a) não existem produtos substitutos no mercado e a concorrência ampliada é baixa;

(b) têm capacidade de diferenciar seu produto da concorrência e oferecer um "pacote" diferenciado de benefícios ao cliente;

(c) estão em um segmento de negócios oligopolizado ou monopolizado;

(d) possuem a capacidade financeira e tecnológica de fazer a integração para a frente, como fez a fabricante têxtil Hering quando desenvolveu sua própria cadeia de lojas para distribuir parte de sua produção;

- *ameaças de produtos ou serviços substitutos na indústria* — produtos substitutos são aqueles que podem desempenhar a mesma função, porém não têm a mesma forma ou conteúdo, necessariamente. Com as novas ferramentas tecnológicas e seu baixo custo de acesso por parte de novas organizações, além da facilidade de copiar e fazer benchmarking, a possibilidade de novos entrantes no segmento de negócios é cada vez maior. Um exemplo comum nos dias de hoje é o álcool etanol e a gasolina. Podemos dizer que, devido à tecnologia do carro *flex*, estes dois tipos de combustíveis são produtos substitutos perfeitos;

- *novos possíveis entrantes concorrentes no segmento de negócios* — a entrada de novos *players* em um segmento de negócios depende de alguns fatores e barreiras de entrada que possam existir ou ser criados pelos concorrentes que já estão nesse segmento. Quanto menos poroso for o segmento de negócios, dificultando a entrada de novos concorrentes no mercado, maior é o risco empresarial daquele segmento para novos entrantes. Vejamos algumas barreiras de entrada de novos concorrentes:
  (a) tecnologia protegida por patente impede a entrada de novos concorrentes no segmento. Porém, nos dias atuais, a obsolescência da tecnologia é tão rápida que, mesmo protegida legalmente por uma patente (que é vigente por 20 anos), a barreira de entrada tem duração e eficácia cada vez menor;
  (b) necessidade de grande volume de capital para entrada em alguns segmentos acaba protegendo as organizações que neles já se encontram. Por exemplo, a indústria aeronáutica e a indústria da tecnologia da

informação são controladas por grandes organizações globais com grandes recursos financeiros para viabilizar o lançamento de novos produtos em uma velocidade que gera uma barreira de entrada para novos entrantes;

(c) acesso ao canal de distribuição que já tem parceria com as organizações que estão no mercado torna-se o principal empecilho para novas organizações conseguirem ter acesso aos clientes;

(d) quanto maior for a diversificação do portfólio de produtos das organizações dominantes no mercado, maior a barreira de entrada, pois os novos entrantes não têm economia de escala para apresentar ao mercado um portfólio de produtos de mesmo nível;

(e) as organizações que já estão no segmento de negócios podem viabilizar politicamente, através de bancadas de congressistas ou políticos locais, dificuldades aos novos entrantes, com exigências legais de adequação de produtos, licenças, novas legislações etc.

Análise Swot, matriz de expansão de produto/mercado, matriz BCG e seleção de mercado-alvo

Vejamos o que caracteriza a análise Swot.

As auditorias externas e internas permitem que o gestor de marketing possa identificar seus pontos fortes e fracos da organização em relação à concorrência, a possibilidade da entrada de novos concorrentes no mercado, a existência de produtos substitutos e de concorrência ampliada, o poder dos compradores e dos fornecedores, bem como as condições ambientais externas à organização, que geram oportunidades e ameaças.

A análise Swot seria um resumo desses pontos de forma a organizar e facilitar a análise através de uma matriz que contém alguns poucos parágrafos, focando os fatores-chave. O gestor de marketing deve procurar a concisão e ser seletivo, mencionando somente os dados relevantes para análise do segmento de negócio que está se analisando.

Elencamos a seguir alguns itens que Magalhães e Sampaio (2007:47) sugerem que uma matriz Swot deva conter:

- forças — capacidade financeira, rede de distribuição, capacidade gerencial, talentos humanos, pesquisa e tecnologia;
- fraquezas — produtos de baixo desempenho, imagem de mercado fraca, baixo investimento em P&D, problemas operacionais internos, gestão ineficiente de recursos humanos;
- oportunidades — mercado em expansão econômica, desregulamentação de mercados, dificuldades dos rivais, expansão global, novas tecnologias;
- ameaças — recessão econômica, intervenções do governo, ciclo de vida da categoria em declínio, legislação e regulamentações, surgimento de novos concorrentes.

A matriz Swot permite ao gestor de marketing desenvolver estratégias para converter fraquezas em forças, pois, se não forem convertidas, essas fraquezas se tornam limitações das organizações. Deve também o gestor procurar associar as forças da organização às oportunidades do mercado, para que possa capturá-las antes da concorrência e, finalmente, converter ameaças em oportunidades, reforçando sua defesa e evitando a trágica associação de fraquezas e ameaças.

Polizei (2010:34) exemplifica na figura a seguir os quatro fatores da matriz Swot e as ações pertinentes à sua conjunção:

Figura 10

Quatro fatores da matriz Swot

Fonte: Polizei (2010:34).

Você conhecerá agora, leitor, o modelo estratégico matriz de expansão produto/mercado.

Em 1957, Igor H. Ansoff, em artigo publicado na *Harvard Business Review*, desenvolveu a matriz de expansão produto/mercado (quadro 5), que permanece atualizada até nossos dias. Esse modelo estratégico permite avaliar as oportunidades de crescimento e diversificação das organizações.

Quadro 5

Matriz de expansão produto/mercado

	Produto existente	**Produto novo**
Mercado existente	Penetração no mercado	Desenvolvimento de produto
Mercado novo	Desenvolvimento de mercado	Diversificação

Fonte: Ansoff (1957 apud Magalhães e Sampaio, 2007:63).

A estratégia de penetração de mercado parte do pressuposto de que a organização irá crescer no mercado atualmente trabalhado, conquistando clientes de concorrentes e aumentando o volume de negócios com os clientes existentes. Os gestores não devem concentrar todos seus esforços nos seus mercados atuais e devem, sim, diversificar mercados.

A estratégia de desenvolvimento de mercado sugere que o gestor alternativamente abra mercados em novas regiões ou novos canais de distribuição para os produtos ou serviços já existentes na organização.

A estratégia de desenvolvimento de produto pressupõe que o gestor desenvolva novos produtos ou serviços no mesmo mercado que já domina, diversificando seu portfólio de marcas ou produtos.

A estratégia de diversificação induz o gestor a desenvolver novos produtos para novos mercados ainda não explorados, podendo ser negócios que tenham sinergia com os atuais ou até negócios totalmente diferentes dos atuais. Essa última estratégia só deve ser utilizada quando esgotadas as anteriores, pois irá demandar da organização e dos seus gestores recursos e esforços adicionais. A organização poderá adquirir outras organizações ou fazer joint ventures, de forma a entrar em novos mercados com novos produtos.

Vejamos agora, leitor, a ferramenta matriz BCG.

Uma das preocupações do gestor de marketing é a análise do portfólio de produtos ou serviços da organização para identificar quais mercados são atrativos e quais devem ser abandonados, levando em conta fatores como crescimento e participação de mercado. O Boston Consulting Group (BCG) criou uma ferramenta que permite, por meio da visualização de ícones, identificar os produtos ou serviços do portfólio de um organização de acordo com sua utilização e geração de caixa, face a sua participação relativa de mercado e sua taxa de crescimento. Essa ferramenta é conhecida como matriz BCG.

Por sua configuração gráfica, a matriz BCG facilita a visualização das quatro categorias de produtos ou serviços: pontos de interrogação, estrelas, vacas leiteiras e *pets* ou abacaxis (figura 11).

Conforme você, leitor, pode verificar na matriz BCG abaixo, no eixo vertical encontra-se a taxa de crescimento de mercado e no eixo horizontal, a participação relativa de mercado, gerando, na combinação dessas duas escalas, quatro quadrantes possíveis de mercado:

- alta participação de mercado com baixa participação relativa de mercado — ponto de interrogação;
- alta participação de mercado e alta participação relativa de mercado — estrela;
- baixa taxa de crescimento de mercado e alta participação relativa de mercado — vaca leiteira;
- baixa taxa de crescimento de mercado e baixa participação relativa de mercado — abacaxi.

Figura 11

Participação relativa do mercado

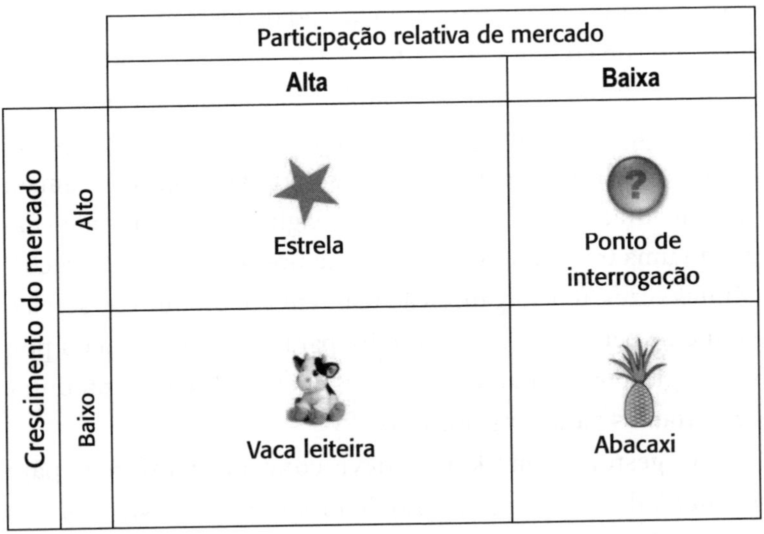

Os pontos de interrogação, também chamados de crianças-prodígio por alguns autores, representam produtos e serviços com baixa participação em mercados de alto crescimento, suscitando um futuro promissor para esses produtos. Contudo, tal como as crianças-prodígio, precisam de alto investimento para que cresçam em participação e, portanto, são produtos e serviços que demandam mais caixa do que podem gerar. Esses produtos e serviços, se bem trabalhados, poderão se tornar estrelas.

As estrelas, assim chamadas por serem algo de destaque e expansão rápida, são produtos ou serviços com participação elevada em mercado com altas taxas de crescimento. Exigem altos investimentos e podem, ao se tornarem líderes e o mercado entrar em maturidade, ser produtos ou serviços vacas leiteiras, gerando alto volume de vendas, grande margem, menor investimento e excedente de caixa para investir em demais produtos ou serviços do portfólio.

As vacas leiteiras são produtos e serviços assim chamados porque representam a fonte de sustento da empresa sem grandes investimentos, já que têm participação de mercado elevada em mercados de crescimento lento.

Por último, abacaxis, que simbolizam aquilo que nos dá dor de cabeça, são produtos e serviços que têm baixa participação de mercado e crescimento lento. Os norte-americanos chamam esse quadrante de *dog* ou *pet*, que siginifica complicado. Fazendo uma tradução livre, seria, para nós brasileiros, o "mico". Muitas vezes, uma organização mantém um produto ou serviço com esse perfil para gerar barreira para a concorrência ou por, estrategicamente, atender a grandes clientes de outros produtos importantes para a organização.

O gestor de marketing deve concentrar esforços para manter balanceado o portfólio de produtos ou serviços, tendo principalmente vacas leiteiras e estrelas (que irão substituir futuramente as vacas leiteiras), alguns pontos de interrogação (que poderão se tornar estrelas), e poucos ou praticamente nenhum abacaxi, estes que drenam recursos e esforços desnecessários da organização.

Analisaremos a seguir a seleção do mercado-alvo e o posicionamento estratégico da marca.

A auditoria interna facilitou e permitiu ao gestor de marketing analisar as forças e fraquezas da organização em relação à concorrência. Agora, o gestor de marketing deve desenvolver um quadro que demonstre de forma clara sua marca, seu produto ou serviço comparativamente em relação aos concorrentes e face aos fatores importantes no segmento de negócios em análise e ao modo como são percebidos pelos clientes. Devem ser analisados os seguintes fatores, entre outros: estilo, preço, distribuição, qualidade, conveniência, design, praticidade, prazo de entrega, instalação, mautenção e assistência técnica.

Segundo Polizei (2010), a seleção de mercado-alvo deve ser orientada para os fatores mais relevantes no segmento de negócio, sempre levando em conta os mercados nos quais a organização é mais forte, a concorrência é fraca e, portanto, há mais oportunidades. Cabe, neste momento, atentar para a segmentação do mercado, como foi visto por você, leitor, no capítulo 2, observando as seguintes dimensões:

- geográfica — tamanho da cidade, concentração populacional, clima, rural ou urbano etc.;
- demográfica — orientação sexual, tamanho e ciclo de vida da família, renda, idade, religião, raça, geração etc.;
- psicográfico — personalidade e estilo de vida;
- comportamental — taxa de uso, benefícios esperados, ocasiões, grau de lealdade do cliente etc.

- Segmentado e selecionado o mercado-alvo, deve o gestor de marketing procurar se posionar nele, ou seja, ocupar um determinado espaço conceitual na mente dos consumidores com um elemento claro e diferenciador de um produto ou serviço.

Metas e objetivos

Segundo McDonald (2004:41):

> Um objetivo é aquilo que Você quer alcançar. Uma estratégia é como Você planeja alcançar seus objetivos [...] O ponto importante a lembrar sobre objetivos de marketing é que eles referem-se somente a produtos e mercados.

Cecconello (2008) mostra claramente que objetivos apresentam uma abordagem quantitativa das metas da organização. Metas de plano de marketing seriam:

- ser líder de mercado;
- penetrar no segmento de produtos para as classes "D" e "E";
- ser uma organização ecológica e socialmente responsável.

"Objetivos devem ser passíveis de medição, senão não são objetivos", segundo McDonald (2004:41). São exemplos de objetivos:

- alcançar 10% de market share em 2015;
- aumentar as vendas em 15% até o final de 2012.

Estratégias de marketing

As estratégias de marketing são as ações pelas quais os objetivos de marketing serão alcançados. Elas se referem, em geral, aos 4 Ps, também chamados de marketing mix ou composto de marketing, que foi idealizado por Jerome McCarthy no final da década de 1950: produto, preço, praça (distribuição) e promoção (comunicação).

No quadro 6, demonstramos quais as estratégias que você, leitor, deve desenvolver relativamente aos 4 Ps.

Quadro 6
ESTRATÉGIAS A DESENVOLVER COM RELAÇÃO AOS 4 PS

Estratégias de produto	Estratégias de preço	Estratégias de distribuição	Estratégias de comunicação
Branding Embalagem Qualidade Design Estilo Serviços adicionais ao produto Garantia e assistência técnica Política de devoluções Modificações, adições e extinção de produtos	Condições de pagamento Política de crédito Descontos Prazos de pagamento Diferenciação de preços em função de canais de distribuição, tipos de clientes ou regiões	Cobertura Novas formas de distribuição: internet, redes sociais Tipos de canais de distribuição Sortimento Custos logísticos Política de estoques e consignação	Mídias a usar Forças de vendas Credibilidade das mídias Custos de comunicação Ações de relações públicas

No próximo tópico, abordaremos o plano de ação.

Plano de ação

Como transformar as estratégias de marketing em ações? É recomendável a forma gráfica, que facilita a visualização por parte dos gestores de ações, prazos e valores envolvidos.

Devem estar visualmente claros os seguintes questionamentos, detalhados por período, ações, responsáveis e valores envolvidos:

- Que será feito?
- Quando?
- Quem é o gestor responsável?
- Qual o custo?

Viabilidade financeira

Magalhães e Sampaio (2007:219) expuseram de uma forma muito clara o embate natural existente entre os profissionais de finanças e de marketing, face ao fato de as decisões tomadas em finanças serem determinísticas enquanto as decisões tomadas pelos gestores de marketing são probabilísticas, em geral. Segundo esse autor:

> O executivo de marketing deve estar disposto a se expor às probabilidades, ainda que com o suporte de fatores redutores de risco, como conhecimento, experiência e pesquisas, e, com suas previsões, arriscar-se a responder quais são seus objetivos quantificáveis — decisão probabilística — e os recursos a serem comprometidos — decisão determinística.

A alta direção da empresa e os acionistas sempre se sentirão mais seguros em suas decisões de investimentos se o plano de marketing contemplar uma viabilidade financeira.

Cada proposta de marketing, como lançamento ou reposicionamento de marca, produto ou serviço; abertura de novos mercados; rebalanceamento de portfólio, entre outras ações, deve ser encarada pelos gestores de marketing como um projeto e, como tal, deve conter métricas que demonstrem a viabilidade de seu objetivo e suas estratégias.

A viabilidade financeira de um plano de marketing deve conter:

- a taxa de retorno do investimento (ROI), demonstrando se o projeto dará um retorno superior ou não a uma taxa definida pela alta direção da empresa ou acionista;
- taxa interna de retorno;
- risco do projeto (*break-even-point*);
- fluxo de caixa detalhado;
- demonstração de resultados econômicos (DRE), demonstrando todas as receitas, despesas e custos, resultado operacional e líquido e overhead.

Controle do plano de marketing

O plano de marketing não pode ser um objeto de ficção que, após ser apresentado para os acionistas e alta direção da organização, não seja convenientemente implementado e controlado, de modo a ser ajustado às mudanças das variáveis ambientais e internas da organização.

O controle se processa pelo acompanhamento e verificação das decisões e atos executados à luz dos planos preestabelecidos, devendo, portanto, medir o grau de alcance dos objetivos e metas estratégicas. Esse processo é realizado através da comparação entre os resultados previstos e os efetivamente realizados.

> O controle, seja muito ou pouco formalizado, é fundamental para assegurar que as atividades de uma empresa se realizem de forma desejada pelos membros da organização e contribuam para a manutenção e melhoria da posição competitiva e a consecução das estratégias, planos, programas e operações, consentâneos com as necessidades identificadas pelos clientes [Gomes e Salas, 2005:22].

O controle deve identificar os possíveis desvios e propor ações corretivas; portanto, não deve ser visto como simples observação do comportamento da execução dos planos, devendo ser processado de maneira contínua.

> O controle é a etapa do processo de gestão, contínua e recorrente, que avalia o grau de aderência entre os planos e sua execução; analisa os desvios ocorridos procurando identificar suas causas, sejam elas internas ou externas; direciona as ações corretivas, observando a ocorrência de variáveis no cenário futuro, visando alcançar os objetivos propostos [Peleias, 2002:26].

Esse caráter proativo do controle do plano de marketing será mais eficaz se houver o comprometimento de toda a área de marketing e das demais áreas da organização na sua execução, implementação e controle.

Kotler (2000) evidencia que a gestão da organização pode se utilizar de quatro tipos básicos de controle de marketing:

- controle anual do plano, examinando se os resultados planejados estão sendo atingidos, apesar de os períodos de avaliação estarem se tornando cada vez menores face à volatilidade e às mudanças no mercado;
- controle de rentabilidade do projeto;
- controle da eficiência, avaliando e otimizando os gastos de marketing;
- controle estratégico, para identificar se e como a organização está capturando as oportunidades que surgem no mercado.

Você, leitor, poderá, com esse simples e conciso passo a passo de um plano de marketing, identificar a viabilidade de uma nova ideia ou ação na área, facilitando o processo de decisão por parte de empreendedores, acionistas, investidores e direção de qualquer tipo de negócio. Vamos arregaçar as mangas e desenvolver novos produtos, serviços e soluções que melhorem a cada dia a vida das pessoas, atendendo às suas necessidades e desejos de uma forma lucrativa e de acordo com a legislação e a ética.

Neste capítulo, apresentamos a você, leitor, importantes ferramentas para o planejamento de marketing e desenvolvemos todas as nuances de um plano de marketing, incluindo o controle. Abordamos, com isso, o modo como todo gestor deve se preparar para qualquer atividade de negócio: através do planejamento. O plano de marketing deve ser o documento que sintetiza todo o processo de planejamento na área de marketing. Desenvolver um plano de marketing vai fatalmente reduzir seu risco de insucesso em um novo empreendimento.

Exercitando conceitos

1. Você já consultou o site do Instituto Brasileiro de Geografia e Estatística (IBGE)? Existe uma quantidade enorme de informações disponíveis para um profissional de marketing utilizar em suas pesquisas e facilitar o processo de planejamento de marketing, tais como a Pesquisa Nacional por Amostra de Domicílios e a Pesquisa de Orçamento Familiar, entre outras.
2. Muitos empreendedores têm ideias de novos e mirabolantes produtos e serviços que prometem solucionar problemas dos clientes. Abrem novos negócios para atender a essa necessidade, porém têm "morte precoce" do empreendimento. Como um plano de marketing pode reduzir esse risco de aparentes boas ideias não se configurarem em bons e sustentáveis negócios?

Conclusão

Procuramos, neste livro, transmitir a você, leitor, os conceitos básicos de marketing e suas ferramentas. Talvez, para muitas pessoas e em uma visão simplista, o marketing esteja ligado somente ao desenvolvimento de campanhas publicitárias, ao lúdico das propagandas e às vendas de uma organização. Contudo, o marketing tem buscado, na fonte do conhecimento humano (psicologia, antropologia, economia, sociologia, finanças, direito, tecnologia da informação), os fundamentos para poder atingir sua finalidade precípua, qual seja, a satisfação das necessidades e desejos do ser humano em forma de produtos, serviços, conveniências e ideias.

O profissional de marketing necessita ter uma visão de uma gama variada de disciplinas. Para enfrentar os desafios de um mercado em constante mudança, precisa desenvolver competências que superem a figura de um generalista ou de um especialista. Longo e Tavares (2011:128) identificam o perfil e características do novo profissional, designando-o como nexialista —

aquele profissional que busca, incessantemente, identificar o nexo das coisas: "O nexo com o cotidiano dos consumidores, entendendo seus hábitos e atitudes, preferências e incômodos, garante ao gerente de produto o sucesso de suas decisões".

Seja no mundo físico ou no virtual, os profissionais de marketing têm de entender seus consumidores para desenvolver soluções que atendam e superem as necessidades, desejos e demandas do mercado de uma forma lucrativa para o acionista.

Esse novo profissional de marketing, seja lá como possamos e queiramos designá-lo, deve ter ou desenvolver as seguintes características:

- ter interesse variado e curiosidade, tornando-se um incansável solucionador de problemas, criando soluções para as necessidades dos clientes;
- ser um eterno insatisfeito, não aceitando o que já foi definido e normatizado;
- ter o porquê como seu mantra de cabeceira; não aceitar padrões e respostas já prontas;
- ter a multidisciplinaridade como ferramenta;
- ter visão abrangente, porém sendo sempre focado no que faz sentido para resolver o problema (adaptado de *HSM Management*, 2011).

O grande desafio do profissional de marketing nas próximas décadas será entender esse consumidor nesse mundo mutante, desenvolvendo ferramentas e estratégias que possam ajudá-lo a entregar valor ao cliente. Em suma, o que o cliente sempre procura é o atendimento às suas demandas (necessidades e desejos consubstanciados pelo poder e vontade de gastar), sejam elas as mais complexas e esdrúxulas que possam ser. Criar valor para o cliente baseia-se em princípios que os gestores e empreendedores devem se balizar.

Você, leitor, exercendo atividades na área de marketing ou em outras áreas de uma organização, deve estar emanado e conscientizado do fundamental nos negócios: criar valor para o cliente. E, para tanto, deve sempre estar preocupado com:

- concentrar-se na criação e entrega de valor para o cliente;
- oferecer aos clientes um valor maior do que os concorrentes oferecem;
- alternar ambientes para melhorar as chances de sucesso;
- desenvolver equipes interfuncionais que melhorem a eficiência e a eficácia das atividades de marketing;
- melhorar continuamente o planejamento, a implementação e o controle de marketing;
- analisar e levar em conta o impacto das atividades de marketing sobre outros *stakeholders*.

Esperamos que este livro o estimule, leitor — seja como profissional de marketing em organizações com ou sem fins lucrativos, seja como empreendedor de negócios —, à incansável procura por criar e entregar valor ao cliente e à sociedade, contribuindo, assim, para um mundo cada vez melhor e mais sustentável.

Referências

AMBRÓSIO, Vicente. *Plano de marketing passo a passo*. Rio de Janeiro: Reichmann & Affonso, 1999.

______. *Plano de marketing*: um roteiro para a ação. São Paulo: Prentice Hall, 2007.

ARANTES, N. *Sistema de gestão empresarial*: conceito permanente na administração de empresas válidas. São Paulo: Atlas, 2008.

ARMSTRONG, G.; KOTLER, P. *Princípios de marketing*. São Paulo: Prentice Hall, 2005.

BACKER, Paul. *Gestão ambiental*: a administração verde. Rio de Janeiro: Qualitymark, 2002.

BAKER, J. Michael et al. *Administração de marketing*. Rio de Janeiro: Campus, 2005.

BASTA et al. *Fundamentos de marketing*. Rio de Janeiro: FGV, 2006.

______. *Fundamentos de marketing*. Rio de Janeiro: FGV, 2009.

BERTON, L.; FERNANDES, B. *Administração estratégica*: da competência empreendedora à avaliação de desempenho. Curitiba: Posigraf, 2004.

BRANDÃO, Junito de S. *Mitologia grega*. 18. ed. Petrópolis: Vozes, 2009. v. II.

BULFINCH, Thomas. *O livro de ouro da mitologia (a idade da fábula)*: histórias de deuses e heróis. 26. ed. Tradução de David Jardim Júnior. Rio de Janeiro: Ediouro, 2002.

CASTELLI, A. et al. *Planejamento*: uma abordagem da gestão econômica. São Paulo: Atlas, 2007.

CECCONELLO, Antonio Renato; AJZENTAL, Alberto. *A construção do plano de negócio*. São Paulo: Saraiva, 2008.

CHURCHILL JR., Gilbert A.; PETER, J. Paul. *Marketing*: criando valor para os clientes. São Paulo: Saraiva, 2000.

CRAWFORD, C. M. *New Products Management*. 5. ed. Boston: McGraw-Hill, 1997.

DAVIS, Satnley M.; MEYER, Christopher. *Blur*: a velocidade da mudança na economia integrada. Rio de Janeiro: Campus, 1999.

DRUCKER, Peter F. *The Practice of Management*. Nova York: Harper, 1954.

______. *Administrando em tempos de grandes mudanças*. São Paulo: Pioneira, 1995.

______. *O melhor de Peter Drucker*: obra completa. São Paulo: Nobel, 2002.

FERREIRA, Aurélio B. de Holanda. *Dicionário Aurélio da língua portuguesa*. 5. ed. Curitiba: Positivo, 2010.

FIGUEIREDO, S.; CAGGIANO, P. C. *Gestão*: teoria e prática. São Paulo: Atlas, 2007.

GARTNER GROUP. *Market trends*: Costumer Relationship Management Software, Worldwide, 2007-2012. São Paulo: Peppers & Rogers Group, 2008.

GIANESI, Irineu G. N.; CORREA, Henrique Luiz. *Administração estratégica de serviços*: operações para a satisfação do cliente. São Paulo: Atlas, 1996.

GOMES, J. S; SALAS, J. M. A. *Controle de gestão*: uma abordagem contextual e organizacional. São Paulo: Atlas, 2005.

GOMES FILHO, João. *Gestalt do objeto*: sistema de leitura visual da forma. São Paulo: Escrituras, 2000.

HAMBRICK, D. C. Some Tests of the Effectiveness and Functional Attributes of Miles and Snow's Strategic Types. *Academy of Management Journal*, v. 26, n. 1, 1983.

HAMEL, G.; PRAHALAD, C. K. *Competindo pelo futuro*. Rio de Janeiro: Campus, 1994.

HARVARD BUSINESS REVIEW. *Planejamento de marketing*. Rio de Janeiro: Campus, 2002. 176 p.

HAWKINS, Del I.; MOTHERSBAUGH, D.; BEST, Roger J. *Comportamento do consumidor*: construindo a estratégia de marketing. Rio de Janeiro: Campus/Elsevier, 2007.

HOOLEY, G. J.; SAUNDERS, J. A.; PIERCY, N. F. *Estratégia de marketing e posicionamento competitivo*. São Paulo: Prentice Hall, 2001.

HOUAISS, Antonio. *Novo dicionário Houaiss da língua portuguesa*. Rio de Janeiro: Objetiva, 2009.

HSM MANAGEMENT. São Paulo: AF Comunicações, n. 85, p. 129-133, mar./abr. 2011.

IACOBUCCI, Dawn. *Os desafios do marketing*. São Paulo: Futura, 2001a.

______. *Os desafios do marketing*: aprendendo com os mestres da Kellogg Graduate School of Management. São Paulo: Futura, 2001b.

IBGE (INSTITUTO BRASILEIRO DE GEOGRAFIA E ESTATÍSTICA). *População brasileira*, s.n.t. Disponível em: <http://www.ibge.gov.br>. Acesso em: 15 out. 2011.

KANUK, Leslie; SCHIFFMAN, Leon. *Comportamento do consumidor*. Rio de Janeiro: LTC, 2009.

KOTLER, P. *Administração de marketing*. 5. ed. São Paulo: Atlas, 1998.

______. *Administração de marketing*. 10. ed. São Paulo: Prentice Hall, 2000.

______; ARMSTRONG, G. 10. ed. *Princípios de marketing*. São Paulo: Prentice Hall, 2000.

______; ______. *Princípios de marketing*. 12. ed. São Paulo: Prentice Hall, 2008.

______; KELLER, Kevin Lane. *Administração de marketing*. São Paulo: Pearson Prentice Hall, 2005.

LIMA, Miguel et al. *Gestão de Marketing*. Rio de Janeiro: FGV, 2009.

LONGO, Walter; TAVARES, José Luiz. Os nexialistas estão chegando. *HSM Management*, São Paulo, n. 85, p. 128-133, mar./abr. 2011.

MADRUGA, Roberto. *Guia de implementação de marketing de relacionamento e CRM*: o que todas as empresas brasileiras devem fazer para conquistar, reter e encantar seus clientes. São Paulo: Atlas, 2004.

MAGALHÃES, Marcos Felipe; SAMPAIO, Rafael. *Planejamento de marketing*. São Paulo: Pearson Prentice Hall, 2007.

MCCARTHY, E. Jerome; PERREAULT JR., Willian D. *Marketing essencial*. São Paulo: Atlas, 2006.

MCDONALD, Malcolm. *Planos de marketing*: como preparar, como usar. Rio de Janeiro: JB, 1993.

______. *Planos de marketing*: planejamento e gestão estratégica — como criar e implementar. Rio de Janeiro: Elsiever, 2004.

MOORE, Geoffrey. *Crossing the Chasm:* Marketing and Selling Disruptive Products to Mainstream Customers. Nova York: Harper Collins Publishers, 2011.

NANUK, L. L.; SCHIFFMAN, L. G. *Comportamento do consumidor*. Rio de Janeiro: LTC, 2009.

NICOLAU, Isabel. *O conceito de estratégia*. Lisboa: Indeg/ISCTE, 2001.

OLIVEIRA, Djalma de P. Rebouças de. *Planejamento estratégico*: conceitos, metodologia e práticas. São Paulo: Atlas, 1999.

OLIVEIRA, J. F. *Sistema de informação*: um enfoque gerencial inserido no contexto empresarial e tecnológico. São Paulo: Érica, 2007.

OLIVEIRA, L. M.; PEREZ JÚNIOR, J. H; SILVA, C. A. S. *Gestão estratégica*. São Paulo: Atlas, 2002.

PAVANI, C.; DEUTSCHER, J. A.; LÓPEZ, S. M.. *Plano de negócios*: planejando o sucesso de seu empreendimento. Rio de Janeiro: Minion, 2000.

PELEIAS, I. R. *Gestão eficaz utilizando padrões*. São Paulo: Saraiva, 2002.

PEPPERS, Don; ROGERS, Martha. *Marketing 1 to 1*: um guia executivo para entender e implantar negócios de customer relationship management. São Paulo: Makron Books/Pepppers & Rogers do Brasil, 2000a.

______; ______. *É personalização ou customização?* São Paulo: [s.n.], 2000b. Disponível em: <http://www.ltol.com.br>. Acesso em: 20 jan. 2011.

______. *Inside 1 to 1*. São Paulo: Prentice Hall, 2008. Disponível em: <www.Lto1.com.br>. Acesso em: 20 jan. 2011.

PETERS, T.; WATERMAN, R. *Vencendo a crise*. São Paulo: Habra, 1982.

PINHEIRO et al. *Pesquisa de mercado*. Rio de Janeiro: FGV, 2011.

POLIZEI, Eder. *Plano de marketing*. São Paulo: Cengage Learnig, 2010.

PORTER, Michael. *Estratégia competitiva*. Rio de Janeiro: Campus, 1986.

______. *Competição*: estratégias competitivas essenciais. Rio de Janeiro: Campus, 1999.

REICHHELD, Frederick F. *A estratégia da lealdade*: a força invisível que mantém clientes e funcionários e sustenta crescimento, lucros e valor. Rio de Janeiro: Campus, 1996.

RICHERS, Raimar. *Marketing:* uma visão brasileira. São Paulo: Negócio, 2000.

RIES, Al; TROUT, Jack. The Positioning Era is Cometh. *Advertising Age*, April 24, p. 35-38; May 1, p. 51-54; May 8, p. 114-116, 1972.

______; ______. *Posicionamento*: a batalha por sua mente. São Paulo: Makron Books, 2009.

ROCHA, A.; CHRISTENSEN, C. *Marketing*: teoria e prática no Brasil. 1. ed. São Paulo: Atlas, 1999.

______; ______. *Marketing*: teoria e prática no Brasil. 2. ed. São Paulo: Atlas, 2006.

SALIM, Cesar Simões et al. *Construindo planos de negócios*: todos os passos necessários para planejar e desenvolver negócios com sucesso. Rio de Janeiro: Campus, 2005.

TOFFLER, Alvin. *A terceira onda*: a morte do industrialismo e o nascimento de uma nova civilização. São Paulo: Record, 2007.

THOMPSON, Arthur: STRICKLAND, III J. *Planejamento estratégico*: elaboração, implementação e execução. São Paulo: Pioneira, 2000.

URDAN, Flavio, T.; URDAN, André T. *Gestão do composto de marketing*. São Paulo: Atlas, 2006.

Os autores

Miguel Lima

Doutor em Comunicação pela Universidade Federal do Rio de Janeiro (UFRJ), mestre em Administração pela Universidade Federal Fluminense (UFF), pós-graduado em Relações Internacionais pela Universidade Estadual do Rio de Janeiro (Uerj) e bacharel em Economia pela Universidade Federal Fluminense (UFF). Foi gerente de comércio exterior da Petrobras Internacional S/A-Braspetro e da Irwin Industrial, e gerente comercial da Montana/Sika Produtos Químicos. É professor do departamento de Administração da UFF, professor convidado do FGV Management, e coordenador dos cursos. É autor de livros em Marketing e Negócios Internacionais e consultor.

Darci Basta

Mestre em Gestão Empresarial pela Ebape/FGV, especialista em Educação pela Universidade de La Habana e pós-graduada em Administração de Empresas pela Universidade Mackenzie de São Paulo. Economista com vasta experiência em pesquisa e análise de mercado, gerência de produtos e planejamento de marketing em empresas como Nestlé, Duratex, Telesp e Digitel. É professora convidada em cursos do FGV Management.

José Antônio Ferreira de Oliveira

Mestre em Gestão Empresarial pela Ebape/FGV, pós-graduado em Pesquisa de Mercado e Opinião Pública pela Universidade do Estado do Rio de Janeiro (Uerj) e graduado em Administração de Empresas pela Faculdade de Ciências Políticas e Econômicas do Rio de Janeiro (FCPERJ/Universidade Candido Mendes). Possui mais de 25 anos de experiência em planejamento e marketing, tendo atuado em empresas nacionais e multinacionais. É professor convidado em cursos do FGV Management.

João Baptista Vilhena

Mestre em Administração pela FGV e pós-graduado em Marketing pela ESPM/RJ. Tem 30 anos de experiência profissional em treinamento, consultoria e *coaching* nas áreas de educação, gestão, marketing, negociação, vendas e distribuição. Como palestrante, participou de importantes eventos nacionais e internacionais, tais como ASTD (American Society for Training and Development) nos EUA, CBTD (Congresso Brasileiro de Treinamento e Desenvolvimento), CRIARH, ABTD, Expo-VendaMais. É coordenador acadêmico convidado do MBA em Gestão Comercial do FGV Management. Autor dos livros *Manual para montagem de uma universidade corporativa; Negociação e influência em vendas; Certificação da área comercial* e coautor de quatro outros: *Manual de T&D*; *Gigantes da venda*; *Gestão de marketing* e *Gestão social: metodologia e casos*. Colunista da revista *VendaMais*.